Am Sonntag geht Gott angeln

DIRK GROSSER

Am Sonntag geht Gott angeln

Die Weisheit des
keltischen Christentums

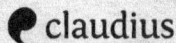

Copyright © Claudius Verlag, München 2019
www.claudius.de

Alle Rechte vorbehalten. Das Werk darf – auch teilweise –
nur mit Genehmigung des Verlages wiedergegeben werden.
Umschlaggestaltung: Weiss Werkstatt München
Umschlagabbildung: © shutterstock/ Alexander_Evgenyevich
Layout: Mario Moths, Marl
Gesetzt aus der Adobe Garamond Pro und Univers
Druck: GGP Media GmbH, Pößneck

ISBN: 978-3-532-62839-3

Inhalt

Einleitung	7
Willkommen auf dem Friedhof der Konzepte	12
Herdfeuer und Geschichten	24
Anfänge	29
Ein ganz eigener Weg	54
Die Prozesstheologie des Grünen Mannes	70
Irischer Dauerregen und die Weisen aus der Wüste	87
Von Grund auf gut	106
Segnen und gesegnet werden	125
Jesus – der nette Kerl von nebenan und der ganze Kosmos	138
Irische Wandersandalen und ihre Spuren	149
Dem Himmel sei Dank, bin ich kein Profi …	159
Tá mo Dhia saor – mein Gott ist frei	167
Wasser zu Wein	180
Am Sonntag geht Gott angeln	190
Schlusswort	198
Literatur	202
Anmerkungen	205

Einleitung

Es gibt eine Menge Dinge in der menschlichen Geschichte, die in Vergessenheit geraten sind. Bei einigen davon ist das nicht weiter schlimm, denn niemand vermisst wohl ernsthaft das ptolemäische Weltbild, die Phrenologie oder so bahnbrechende Erfindungen wie mit Blei verlötete Konservendosen. Wir sehnen uns nicht nach der Medizin des Mittelalters zurück und jenseits von romantischen Vorstellungen ist auch die Dampflok für die meisten Zeitgenossen eher unattraktiv. Manches, was eine Zeit lang das Nonplusultra zu sein schien, wird irgendwann von etwas Sinnvollerem, Nachhaltigerem, Vernünftigerem oder schlicht Effektiverem abgelöst, während anderes sich ganz einfach als Irrweg entpuppt.
Bei einigen geistesgeschichtlichen Strömungen sieht die Lage allerdings anders aus. Obwohl scheinbar ausradiert, blieben von ihnen noch Fragmente und einzelne, leicht verloren wirkende Puzzleteile übrig, die wir heute mühsam zusammensetzen und dabei staunend entdecken, dass dieser oder jener Aspekt einer bestimmten Weltsicht uns heute ganz gut zu Gesicht stehen würde. Das ist so bei der Naturverbundenheit der nordamerikanischen Indianer und wird vielleicht ebenso irgendwann tragischerweise bei der im Untergang begriffenen Kultur Tibets so sein.
Auch das Thema dieses Buches betrifft eine solch untergegangene Geisteshaltung, deren Inhalte uns heute noch viel sagen und uns auf eine neue Spur in Richtung lebenswerter Zukunft setzen können.

Das keltische Christentum[1] mitsamt seiner aus heidnischer Zeit stammenden Naturverehrung zeigt uns Wege auf, sowohl die Schöpfung mit all ihren verschiedenen Wesen wertzuschätzen als auch ein Gefühl für die grundlegende Quelle dieser Vielfalt zu bekommen, die wir in unserer Kultur Gott nennen und der wir uns mit einem gänzlich neu geerdeten Vertrauen zuwenden können.

Diese Weltsicht, deren Blütezeit genau genommen nur knapp zwei Jahrhunderte dauerte, ist wie dafür geschaffen, die Herzen der Menschen in unserer westlichen Leistungsgesellschaft zu weiten und in ihnen Platz für all das zu schaffen, was existiert: Platz für alle Menschen gleich welcher Herkunft, Hautfarbe, sozialer Stellung und sexueller Orientierung; Platz für diejenigen, deren Meinung uns nicht behagt, und auch für die, deren Glaube uns persönlich nicht anspricht; Platz auch für alle Wesen dieser Welt, die so verschieden von uns sind, die jedoch ihre je eigene wichtige Aufgabe in einem riesigen Kreislauf des Lebens erfüllen, und deren Lebensraum unseren Lebensraum auf natürliche Weise begrenzt; Platz letztlich für etwas, das größer ist als wir selbst und das unseren Blick von den Befindlichkeiten und Bedürfnissen unseres Ego auf die wirklich wesentlichen Dinge lenkt: Liebe, Mitgefühl, Humor, Freiheit und Gemeinschaft ... und Poesie.

Natürlich besteht bei solchen Rückgriffen auf längst verschüttete Vorstellungen immer die Gefahr, zu sehr auf die eigenen romantischen Impulse zu setzen und sich zu einer kritikfreien Lobhudelei hinreißen zu lassen. Doch ich gelobe feierlich, die Kelten nicht zu den Winnetous Europas hochstilisieren oder Ihnen den heiligen Patrick als Idealbild gelingenden Lebens unterjubeln zu wollen. Worum es mir geht, ist vielmehr, eine uralte und fast vergessene Tradition zu präsentieren, die durchaus ihren Platz in unserer modernen Welt verdient, und Ihnen auf mehreren Ebenen einen persönlichen Zugang zu dieser „grünen Spiritualität" des keltischen Christentums zu verschaffen. Zu diesem Zweck erscheint es mir sinnvoller, davon zu berichten, was mich tatsächlich berührt hat, was eine wirkliche Veränderung in mir anstieß, was mich auch in Momenten großen Zweifels oder tiefer Traurigkeit aufatmen ließ und wie dies mit den Glaubensinhalten dieser besonderen Form der Spiritualität zusammenhängt, anstatt einen historischen Abriss zu schreiben. Worauf es letztlich ankommt, ist die Frage, *was all dies heute für uns ganz konkret bedeuten kann* und wie uns dieser uralte Schatz an Weisheit, der sich in der keltisch-christlichen Tradition offenbart, zu einem neuen Blick auf die Welt verhilft und uns für das Reich Gottes öffnet, das schon mitten unter uns ist.

Für mich war das keltische Christentum während einer Zeit großen Zweifels ein Weg, meine Verbindung zum Wunder der Schöpfung zu stärken und den eigenen Glauben, den ich nur noch als Theorie fassen konnte, wieder zu einer spürbaren Wirklichkeit werden zu lassen. Schritt für Schritt führte mich diese Form der Spiritualität zu einem lebendigen und tief empfundenen Christentum zurück. Die Segenswünsche, der Blick auf die Schöpfung, die Idee von Jesus als Freund und nicht als Herrscher, die erfrischende Alltäglichkeit der Spiritualität, die Gleichzeitigkeit von Bodenständigem und Mystischem, die Offenheit und das erzählerische Element, die Fokussierung auf das überall zugrunde liegende Gutsein – all dies ließ meine Seele wieder frei atmen, nachdem sie sich lange Zeit so angefühlt hatte, als wäre sie irgendwo zwischen Zweifeln, einer gewissen

Resignation und bloßen Vorstellungen eingesperrt gewesen. Auf diesem Weg zurück zur Lebendigkeit und zum Vertrauen hat mir vor allem ein sehr ungewöhnlicher irischer Priester geholfen, der nicht nur wie eine Mischung aus Gandalf, Dumbledore, dem Mann aus den Bergen und einem in die Jahre gekommenen Jesus aussieht, sondern der sich auch mindestens so unkonventionell verhält, wie es die erwähnte Mischung vermuten lässt. Voller Mitgefühl und Humor ließ er mich an seinem Schatz keltischer Weisheit teilhaben, sodass ich nicht nur davon lesen und gewisse Dinge intellektuell verstehen, sondern sie vor allem wirklich *erfahren* konnte. Wie er immer sagt, ist Wahrheit für ihn vor allem das, was uns transformiert, was uns innerlich verwandelt und zu anderen Menschen macht. Alles andere sind nur schnöde Fakten, mit denen man sich vielleicht die Zeit vertreiben kann, die aber nicht sonderlich entscheidend sind. Die Erlebnisse, die ich mit diesem Priester hatte, und die Dinge, die er mir erzählte, waren für mich der Ausgangsort einer Reise in das keltische Christentum, die mich jeden Tag ein Stückchen weiter in die Tiefe führt. Ich habe längst nicht alles entdeckt, was es auf dieser Reise zu entdecken gibt, längst nicht alles durchdrungen, längst nicht alles wahrhaft gelebt. Doch in mir herrscht eine große und freudige Bereitschaft, mich auf diesem Weg weiter vom großen Geheimnis selbst führen zu lassen, mich fallen zu lassen, loszulassen, um letztlich getragen zu werden.

Wenn Sie also erfahren möchten, ob Mystiker zum Lachen in den Keller gehen, ob man ganz neu von Jesus denken kann, ob Mönche und Nonnen früher vielleicht ganz anders gelebt haben, ob die alte Kunst des Segnens heute noch eine Bedeutung hat, warum es bei den keltisch geprägten Christen einen

Kreis um das Kreuz gibt, was Gott eigentlich sonntags macht und was das alles mit Ihnen und Ihrem ganz normalen Leben zu tun hat, das von der Schönheit der Welt in jeder Sekunde zu einer tiefen Verwandlung eingeladen wird, dann sind die folgenden Seiten womöglich genau das Richtige für Sie.

Willkommen auf dem Friedhof der Konzepte

Mögest du in jeder Wendung deines Lebens
die zärtliche Hand Gottes erkennen,
die dein Herz weiter macht
und dir Gelegenheit gibt, dich auf ganz neue Weise
in die Welt zu verlieben.

Die Geschichte unseres Glaubens ist selten eine Geschichte des permanenten Vertrauens, das uns erfüllt und uns niemals wanken lässt. Es gibt Momente, in denen uns eine gewisse Sicherheit trägt, dann aber auch wieder Momente, in denen wir glauben wollen, aber nicht können, in denen uns alle Glaubensinhalte nur wie reine Selbstkonditionierung vorkommen. Mir persönlich schien es oft, als hätten in mir ein hingebungsvoller Johannes und ein zweifelnder Thomas eine WG gegründet, in der sie nächtelang am Küchentisch diskutierten. So lange, bis ich von ihrem Gerede so genervt war, dass ich vom ganzen Thema Spiritualität nichts mehr wissen wollte. Hinzu kam, dass mein innerer Johannes sich leider als ein sehr stilles und in sich gekehrtes Bürschchen herausstellte, während mein innerer Thomas nie um ein gutes Argument verlegen war und jedes zarte Gefühl, das Johannes zeigen mochte, als bloßen Kitsch oder Bedürftigkeit identifizierte und somit alles wie eine Abrissbirne des Zweifels zerstörte.

Dabei hatte Jesus mich schon immer fasziniert: Seine Lehren, seine lebensnahen Gleichnisse, sein revolutionärer Blick auf die Welt, sein Reden über ein neues Reich der Gerechtigkeit, das wir selbst erschaffen könnten, und ebenso seine Wirkung auf Menschen wie Martin Luther King jr. oder Mahatma Gandhi waren für mich Eckpfeiler meiner Weltsicht.

Die Institution, die sich angeblich seiner Lehren angenommen hatte, beeindruckte mich dagegen weit weniger. Ihre Macht, die sie stets für sich genutzt hatte, auch wenn sie dafür jede Lehre Jesu verdrehen musste, ihre unrühmliche Rolle bei so vielen Gelegenheiten in der Geschichte, die religiös verbrämte Legitimation von Ungerechtigkeiten und Verbrechen, die Unterstützung, die sie Despoten zukommen ließ, wenn sie darauf hoffte, dadurch ihren eigenen Einflussbereich sichern zu können … all das schreckte mich eher ab. Wenn die Kirche Menschen im Namen dessen verurteilte, der nie einen Menschen verurteilt hatte, dann war das für mich an Schizophrenie kaum noch zu überbieten.

Und selbst wenn ich versuchte, darüber hinwegzublicken und mich auf die wirklich großartigen Einzelpersonen innerhalb dieser Institution zu konzentrieren, fühlte ich mich doch nie zu Hause. Wenn ich mal einen Gottesdienst besuchte und auf einer Kirchenbank neben drei winzigen Omis mit blau schimmernden Dauerwellen saß, die mit brüchigen Stimmen Kirchenlieder trällerten, während die Orgel etwas ganz anderes spielte, dann fand ich das in gewissem Sinne niedlich, aber dabei berührte mich innerlich einfach gar nichts. Wenn ich dann noch auf die Texte achtete wie „O ich armer Sünder" oder „O Haupt voll Blut und Wunden", wurde mir immer recht schnell bewusst, dass ich mich am falschen Ort befand.

Ich muss gestehen, dass ich irgendwann den gängigen Fehler beging, Glauben und Institution zu verwechseln, und als ich diejenigen, die ständig von Gott schwafelten, aus meinem Leben schmiss, auch gleich Gott selbst mit hinauswarf.

Eine unbestimmte Sehnsucht jedoch blieb. Eine Sehnsucht nach Mehr, nach Sinn und nach Tiefe, die mich eines Tages zu einem Buch des jüdischen Religionsphilosophen Martin Buber mit dem schönen Titel „Gottesfinsternis" führte, in dem mich ein Satz förmlich ansprang: „Wir können das Wort ‚Gott' nicht reinwaschen, und wir können es nicht ganz machen; aber wir können es, befleckt und zerfetzt wie es ist, vom Boden erheben und aufrichten über einer Stunde großer Sorge."[2]

Dieser Satz erschien mir, als sei er nur für mich geschrieben worden. In meiner Welt war das Wort „Gott" entheiligt worden und ich hatte es nicht mehr ertragen, davon zu reden, obwohl ich doch instinktiv wusste, dass ich mir selbst etwas raubte (oder rauben ließ), wenn ich völlig auf die Verwendung und somit auch auf den Inhalt verzichtete. Mir wurde die Leerstelle bewusst, die dabei entstand, die Traurigkeit, die mich hinunterzog und mir den Blick für alles Gute verstellte.

Und indem mir die Leerstelle bewusst wurde, verwandelte sie sich in einen Sog, der nach Buber – der mir noch ein aufmunterndes „Alle Menschen haben Zugang zu Gott, aber jeder einen andern"[3] mit auf den Weg gab – alles an mystischer Literatur in mich hineinspülte, dessen ich habhaft werden konnte.

Es war erhellend und bewegend, Meister Eckhart, Angelus Silesius oder Bernhard von Clairvaux zu lesen, mich mit Hazrat Inayat Khan oder Rumi auseinanderzusetzen und in die Gedankenwelt Hildegards von Bingen abzutauchen, aber ein Gespräch von Angesicht zu Angesicht konnte ich mit diesen Menschen leider nicht mehr führen.

Solch ein Gespräch ergab sich erst später, als ich im Internet auf ein Video stieß, in dem Ken Wilber einen reichlich schrägen irischen Priester interviewte, der in Kalifornien eine Gemeinde leitete. Ich recherchierte, sah, dass dieser Priester auch ein Buch geschrieben hatte, las es begeistert und entschied mich, dieses Werk in deutscher Übersetzung in dem Verlag herauszugeben, in dem ich damals arbeitete und in dem ich jede Freiheit genoss. Mit unserem ersten Telefonat begann dann ein Gespräch, das bis heute nicht abgerissen ist ... Ich wählte die Nummer in den USA, nachdem ich mich auf Vertragsverhandlungen vorbereitet und alle Zahlen parat hatte, die ausländische Autoren am meisten interessieren: Vorschusshöhe, Honorarstaffelung, Erscheinungsdatum, Höhe der Erstauflage. Doch Seán am anderen Ende der Leitung interessierte das alles nicht die Bohne. Er fragte mich nur eine Sache: „Warum? Warum möchtest du so ein Buch herausbringen?"

Ich muss gestehen, dass ich ob dieser Frage völlig perplex war und eine Weile herumstammelte, bis ich mich dazu entschloss, ihm einfach die Wahrheit zu sagen: dass ich selbst diese Leerstelle in meinem Herzen fühlte und dass ich die großartige Möglichkeit besaß, meiner eigenen Suche auch beruflich zu folgen, und Bücher herausbringen konnte, von denen ich mir versprach, dass sie mir auf meinem Weg halfen und unter Umständen auch anderen Menschen dienlich wären. Seán hörte ruhig zu und ich hatte das Gefühl, ihm alles sagen zu können, nichts zurückhalten, nichts zensieren zu müssen. Ich erzählte ihm von meinen Zweifeln und von meiner Überzeugung, dass ich wohl nie das werden würde, was man gemeinhin unter einem echten Christen verstand. Ganz lapidar meinte er nur: „Muss das irgendjemand sein?"

Ein halbes Jahr später erschien das Buch, Seán kam nach

Deutschland geflogen und wir gingen das erste Mal gemeinsam auf Tour, verstanden uns von Anfang an prächtig und hielten in unseren Gesprächen stets eine gesunde Balance zwischen spirituellem Tiefsinn und gut gelauntem Blödsinn.

Seán war in der Tat der ungewöhnlichste katholische Priester, den ich jemals kennengelernt hatte. Ganz abgesehen von seinem leicht hippieartigen Äußeren, das viele Menschen überraschte, waren es vor allem seine Ansichten und die Konsequenzen, die er daraus zog, die mich beeindruckten. Als junger Priester war er nach Afrika geschickt worden, um dort zu missionieren, war aber eher selbst missioniert worden, wie er immer sagte. Die Erde, das Land und die Menschen zu lieben, war für ihn gleichbedeutend mit einem Gottesdienst. Zusammen zu feiern und zu tanzen, war für ihn das beste Gebet. Einen Menschen zu umarmen, ihm zuzuhören und ihn wirklich zu sehen, war für ihn Kontakt zum Mysterium selbst.

Als er Afrika verließ, konnte er nicht nur fließend Suaheli sprechen, sondern nahm von dort auch eine innere Freiheit mit, die er in jungen Jahren nicht gehabt hatte und die er nun niemals mehr missen wollte. Er ging nicht zurück nach Irland, sondern arbeitete in einer Gemeinde in Kalifornien, wo es aber nach einigen Jahren zu Problemen kam, da nicht allen Menschen (vor allem den Vorgesetzten) seine Art gefiel. Seán hatte keine Hemmungen, schon in den 1990er-Jahren schwule und lesbische Paare zu verheiraten, und fragte auch gar nicht lange, bevor er dies tat. „Liebe ist Liebe", sagte er immer, „und Gott liebt die Liebe. Warum sollte ich mich also gegen irgendeine Liebe stellen, wo ich doch angeblich ein Diener Gottes bin?"

Nicht jeder Diener Gottes verstand seinen Dienst aber in dieser Weise, und so musste Seán die Gemeinde letztlich verlassen. Was dann geschah, hatten die Kirchenoberen aber in ihren schlimmsten Albträumen nicht vorausgesehen: Etwa 500 Gemeindemitglieder entschlossen sich kurzerhand, Seán zu begleiten, ihre Ursprungsgemeinde ebenfalls zu verlassen und gemeinsam eine neue Gemeinschaft zu gründen: die *Companions On The Journey*, die *Gefährten auf dem Weg*. Hier blühte Seán richtig auf, feierte Gottesdienste mit Katholiken, Protestanten, Hindus, Moslems, Juden und Buddhisten, teilte das Abendmahl mit homosexuellen, transsexuellen, atheistischen und geschiedenen Menschen. Er lud also auch all diejenigen an den großen Tisch Gottes, die an anderen Orten der Kirche nicht gern gesehen waren.

Einmal im Jahr besuchte er seine Familie in Irland, flog für vier Wochen herüber und verbrachte Zeit mit seinen Eltern und Geschwistern, seinen zahlreichen Nichten und Neffen … und mit mir. Wir trafen uns öfter auf der grünen Insel, gingen am Atlantik spazieren, unterhielten uns über Gott und die Welt. Wir liebten beide Hunde, die Berge und das Meer, und hatten ebenso eine gemeinsame Abneigung gegen Hierarchien, Ignoranz und Brokkoli. Mit anderen Worten: Wir verstanden uns blind.

Bei all diesen Gelegenheiten festigte sich nicht nur unsere Freundschaft immer mehr, ich begegnete in Irland auch einer fast vergessenen Tradition, die mir half, wieder Vertrauen in das Christentum zu fassen und Jesus ganz jenseits von der Institution Kirche wieder zu einem wichtigen Bestandteil meines Lebens werden zu lassen.

Meist holte Seán mich am kleinen Flughafen in Cork ab. Ich stand vor der Abfertigungshalle und wartete auf den „besten katholischen Shuttle-Service der Welt", wie Seán sich angekündigt hatte. An solchen Orten die Menschen zu beobachten, kann ein unterhaltsamer Zeitvertreib sein, allerdings wird man manchmal auch auf unliebsame Weise mit seinen eigenen Vorurteilen konfrontiert.

Ich bemühe mich zwar stets, nicht allzu oberflächlich zu sein, doch als ich dort stand und ein tiefergelegtes Mercedes-Cabrio mit Breitreifen und lila-türkis-changierender Sonderlackierung angerollt kam, war mein erster Gedanke: „Ach, guck mal, der örtliche Drogenverticker kommt auch schon …" Und ich schaute mich sogleich um, ob ich nicht irgendwo seine Freundin im Leoparden-Minikleid entdecken konnte, die er hier abholte. Doch als diese Blech-Scheußlichkeit vor mir anhielt und ich das grinsende Gesicht von Seán und sein aufforderndes Winken sah – und mir bewusst wurde, dass *ich* die Freundin im Leoparden-Kleid war – zerbröckelte diese Geschichte in meinem Geist. Ich warf meine Tasche in den Kofferraum und ließ mich auf die weißen Ledersitze plumpsen.

Seán brachte es gleich auf den Punkt: „Na, was anderes erwartet?"

Das war das Schöne an ihm: Man konnte mit ihm stundenlang über Theologie, die christliche Mystik oder das rätselhafte Wellen- bzw. Teilchenverhalten von Licht diskutieren, aber die wirklich wichtigen Dinge brachte er einem ganz beiläufig mit einem dahingeworfenen Satz bei. Er war kein Freund von Erwartungen und anderen verfestigten Geisteshaltungen, ließ sich immer auf alles ein und zeigte an allem ein offenes Interesse. Er hatte wirklich in Bezug auf rein gar nichts eine Theorie, wie es sein sollte, sondern schaute immer einfach darauf, was sich zeigte. Und er durchbrach gern die Vorstellungen, die andere sich von der Wirklichkeit machten. Ich hätte es ihm also wirklich zugetraut, dass er sich extra für diesen Abholdienst am Flughafen diese Zuhälter-Kutsche besorgt hatte, doch er klärte mich sogleich auf und erzählte mir, dass sein Bruder mit Gebrauchtwagen handelte und ihm immer für seinen Besuch in Irland irgendeinen Wagen zur Verfügung stellte, mit dem Seán dann herumbrausen konnte. Als ich Seamus und seinen Sinn für Humor später kennenlernte, fragte ich mich allerdings sofort, ob der Wagen vielleicht eine späte Rache für einen erduldeten Kindheits-Streich war.

Wie auch immer: Seáns kleiner Seitenhieb auf enttäuschte Erwartungen ließ uns gleich in ein Gespräch über die christliche Mystik und Meditation eintauchen, über eine innere Verfassung, die uns loslassen hilft, die uns mit neuen Augen sehen und uns dem gegenwärtigen Geschehen vorurteilsfrei zuwenden lässt.

Seán wusste nur allzu gut von meiner allgemeinen Ernüchterung, was Glaubensangelegenheiten betraf.

„Hat vielleicht auch mit enttäuschten Erwartungen zu tun", sagte er. „Du erwartest von der Kirche, dass sie sich den Menschen zuwendet und sie bei ihrer Suche nach Gott unterstützt, während die Kirche nur erwartet, dass sich die Leute gefälligst an das halten, was sie mühsam versucht zu bewahren. Und dabei verstellt ihr die eigene Lehre den Blick auf die Wirklichkeit." Er lachte, schnitt eine Kurve und bretterte viel zu schnell zwischen winzigen Häusern und niedrigen Steinmauern entlang.

„Ich glaube, eine religiöse Institution ist immer in Versuchung, alles zu beschützen, was ihr lieb und teuer ist, und befindet sich damit ständig in Rückzugskämpfen. Und dann verkommt auch Gott zu einem festgefügten Bild, das man verteidigen muss, etwas, von dem man genau zu wissen meint, wie es aussieht, wie es beschaffen ist ... Na ja, und wie alle anderen es sehen sollen."

Ich nickte, nachdenklich, aber zustimmend. „Stimmt wohl. Gott ist dann Position und nicht mehr Situation."

Seán machte einen kleinen Freudensprung auf seinem Sitz: „Genau! So kann man das eindampfen."

Genau wie für mich war Gott für Seán tatsächlich immer Situation, immer aktuell, immer jetzt, immer lebendig, ein Geschehen, eine Geschichte, die sich in jedem Moment verändert und die stets einen offenen Ausgang hat. Eine Position dagegen ist genau das Gegenteil. Sie ist starr, unflexibel und im Grunde genommen tot.

Hier in Irland überkam mich nicht zum ersten Mal das Gefühl, als würde irgendetwas darauf warten, die seltsame Leere, die ich spürte, mit einem tiefen und seelenvollen Gehalt zu füllen. Einem Gehalt, der eher zwischen den Zeilen, zwischen den Menschen, zwischen den Schafgattern und Pubs wie ein unterschwelliger Pulsschlag zu fühlen war, eine leise gespielte Bodhran, die Lieder und Geschichten begleitete, welche von längst vergangenen Zeiten berichteten.

Nach und nach sollte ich verstehen, dass einer der größten Unterschiede zwischen unserer modernen Weltsicht und der der alten Kelten wohl darin besteht, dass wir versuchen, die Welt in Konzepte und Theorien zu fassen, um sie zu verstehen, während die Kelten als geborene Mystiker ihre Welt in Geschichten darstellten. Letztere sind weitaus offener, interpretationsabhängiger und eher an transformativer Wahrheit als an bloßen Fakten interessiert.

Die Geschehnisse, die in Mythen verpackt überliefert wurden, die Heldengestalten und Götter, die Interaktionen mit der

Anderswelt und dem Göttlichen in vielerlei Ausformungen, sind ein Raunen aus der Tiefe der Zeit. Wir spüren eine Kraft, wissen aber nicht genau, wie sie beschaffen ist oder was sie in uns bewirkt. Wir ahnen etwas, spüren etwas, aber eine genaue Definition entzieht sich unserer Kenntnis. Es sind Geschichten, die etwas in uns anrühren, aber keine Philosophie, die mit analytischen Methoden arbeitet. Es sind keine Formeln, die Antworten liefern, sondern eher die ganz großen Fragen, die von uns eine gelebte Antwort fordern. In ihnen darf die menschliche Fantasie lebendig bleiben, sich vortasten, eigene Schlüsse ziehen und von dort aus weitergehen, immer der eigenen Sehnsucht folgend.

Der leider viel zu früh verstorbene Philosoph und Dichter John O'Donohue sagte einmal: „Die Fantasie ist die beste Freundin der Möglichkeit. Wo die Fantasie lebendig und wach ist, verhärtet oder verschließt sich das Faktische nicht, sondern bleibt stets offen und lädt zu neuen Schwellen der Möglichkeit und Kreativität ein."[4]

Ähnlich sind die Geschichten der Bibel aufgebaut, auch wenn einige Zeitgenossen es lieber sähen, wenn es fest formulierte Handlungsanweisungen wären, die immer und für alle Zeit ihre wörtliche Gültigkeit haben würden. Seán sagt immer zu mir: „Die Bibel muss man lesen wie eine richtig gute antike Zeitung. Da werden wichtige Ereignisse geschildert, aber ebenso ganz persönliche Kommentare und Meinungen abgegeben; da gibt es Gedichte und Geschichten, einen Fortsetzungsroman, eine Rätselseite, die Wirtschaftsnachrichten und die politischen Seitenhiebe; da werden Vorkommnisse gedeutet und gefragt, was sie für den jeweiligen Verfasser bedeuten; es gibt Mitteilungen, die über einen begrenzten lokalen Bezug nicht hinausreichen, und solche, die globale Bedeutung, ja kosmische Bedeutung haben. Nur einen Comicstrip habe ich bislang noch nicht entdeckt. Aber vielleicht finden sie in Nag Hammadi oder so ja noch mal was in der Richtung. Man weiß ja nie ..."

Dieser weite Sinn für Geschichten ist vielleicht ein Grund, warum die Kelten dem Christentum relativ offen gegenüberstanden, während andere zuvor heidnische Völker eher schwerlich Zugang fanden: Die Gleichnisse Jesu sind ähnlich offen wie die keltischen Mythen. Sie erzählen etwas, doch die Schlussfolgerung muss man selbst treffen. Auf diese Weise bleiben religiöse Vorstellungen lebendig. Sie bewegen sich, mäandern durch die Zeit, fordern jeweils auf andere Art heraus, verlangen, dass man mit seiner ganzen Existenz Antwort auf die implizierten Fragen gibt. Diese ursprüngliche Lebendigkeit begegnete mir in einem keltisch geprägten und damit ganz anderen Christentum und wurde für mich zu einem fast taoistischen Fließen, das mich endlich wirklich erreichte und was mich so sein und so glauben ließ, wie es mir entsprach.

Was mich wirklich bewegte, fand ich hier in mannigfaltiger Ausprägung: schlichte und mitfühlende Menschlichkeit. Das *Reich Gottes* ist ein anderer Name für diese Menschlichkeit. Es ist nicht festgefügt, es ist kein magischer Ort, der irgendwo weit entfernt unserer Ankunft harrt, es ist kein Luftschloss, kein Ideal. Das Reich Gottes ist ein lebendiges Geschehen, gestaltet von uns Menschen, die auf eine neue Weise leben möchten, die mit all ihren menschlichen, tierischen und pflanzlichen Brüdern und Schwestern eine wahrhaftige Beziehung eingehen möchten.

Ebenso bleibt auch Gott lebendig, wenn wir ihn als Geschehen betrachten, als das, was zwischen uns geschieht, wenn wir einander auf einer wirklich tiefen Ebene begegnen.

Gott als Person ist ein Konzept, eine Vorstellung, die wir jeweils so ausgestalten, wie es gerade für uns von Vorteil ist. Das zeigt sich vor allem dann, wenn Menschen davon reden, was angeblich Gottes Wille sei. Gott will dies, Gott will das – und wie es der Zufall will, stimmt Gottes Wille mit dem überein, was mir gerade als Ziel meines Tuns vorschwebt. Und so kann ich andere Länder überfallen und Menschen unterjochen, die nicht meinen Glauben teilen (wie könnten sie auch?), ich kann Menschen mit einem anderen Lebensstil verurteilen, da Gott ja nur meine ganz persönliche Art als richtig und gut abgesegnet hat. Und so kann ich mich immer weiter in ein „Ich bin richtig, die sind falsch!" hineindenken und mich dabei von meiner Religion gerechtfertigt betrachten.

Seáns Einstellung und – wenn ich verallgemeinern darf – auch die Haltung der frühen keltischen Christen war eine ganz andere: Hier ist Gott eher eine wirkende Kraft, ein Werden und Wachsen, ein liebendes Geschehen zwischen gleichgestellten Gegenübern. Und solch ein liebendes Geschehen kennt keine starren Grenzen, kein für immer gültiges Richtig oder Falsch, sondern ist stets von Mitgefühl und Offenheit geleitet. Es ist eine Bewegung des Herzens, das um seine eigenen Fehler weiß und daher die der anderen achtsam halten kann. W.H. Auden hat das mit seinen berühmten Zeilen aus seinem Gedicht *As I Walked Out One Evening* in wunderschöne Worte gefasst: „Du sollst lieben deinen krummen Nächsten mit deinem krummen Herzen."[5]

Die Kelten hatten diese Aufforderung schon verinnerlicht, als das Universum noch gar nicht an W.H. Auden gedacht hat.

Herdfeuer und Geschichten

Möge dein Heim stets
von einem wärmenden Feuer erhellt sein,
an dem man sich Geschichten erzählt,
die Fremde zu Freunden werden lassen.

Die keltisch-heidnischen Kulturen haben uns nichts Schriftliches hinterlassen, keine heiligen Texte, keine Abhandlungen über ihre Weltsicht, ihr Verhältnis zur Natur oder ihre spirituelle Tradition. Daher stammen die wenigen erhaltenen Texte über sie von römischen Invasoren oder christlichen Mönchen und sind somit recht tendenziös, was es nicht unbedingt einfacher macht, etwas über die frühe Zeit der keltischen Spiritualität herauszufinden.

„Das macht gar nichts", meinte Seán, als ich dieses Dilemma beklagte. „Wenn du lernst, still zu werden, können dir die grünen Hügel, der Wind und die See alles erzählen, was du wissen möchtest."

Das war wieder einmal die typische Antwort von jemandem, der Stunden damit zubringen konnte, eine Spinne beim Bau ihres Netzes zu beobachten, und der über solche Naturphänomene stundenlang Geschichten erzählen konnte, die nie mit Zwischentönen, Weitschweifigkeit, Unerklärlichem und einem Hauch der Anderswelt geizten.

Ich erinnere mich mit sanftem Schrecken an dreistündige Vorträge, die ich auf Tour mit ihm zu übersetzen hatte –, was wohl nicht nur Landes- sondern auch Familientradition war. Sein Großvater war über die Grenzen seines Dorfes hinaus als Geschichtenerzähler, Mythensammler und beliebter Redner bei Trauerfeiern und Hochzeiten bekannt gewesen. Sein Vater hatte ebenfalls Sprich- und Segensworte gesammelt und dadurch in Seán die für einen katholischen Priester sicher ungewöhnliche Meinung verfestigt, dass die Iren auch ohne das Christentum gut zurechtgekommen wären. Sie hatten ja ihre Sprichwörter und waren Meister in der Kunst des Segnens. Das reichte doch dicke an Spiritualität!

Als ich an einem Abend bei seiner Familie zu Gast war, wurde trotz lauschiger 18 Grad Außentemperatur ein Feuer im Kamin angeheizt, während sich Brüder, Schwestern, Onkel, Tanten, Freunde, Nachbarn und irgendwelche Leute, die wohl aus Versehen hier waren, auf einem Sammelsurium von Küchen- und Schaukelstühlen, Sesseln und Melkschemeln versammelten. Offenbar teilten alle Mitglieder der Familie O'Laoire die Vorliebe ihres weitgereisten Sohnes Seán für afrikanische Temperaturverhältnisse. Während sich mein T-Shirt langsam, aber sicher in eine Salzkraterlandschaft verwandelte, saßen die lustigen Iren in Strickpullis um das munter prasselnde Feuer und fühlten sich pudelwohl.

Vielleicht musste ich mir bewusst machen, dass das Herdfeuer der irische Inbegriff schlechthin für Gastfreundschaft war – schließlich taucht dieser Begriff in jedem dritten irischen Segenswunsch auf – und so wurde das Feuer angefacht, weil ein Gast da war, und nicht etwa, weil es kalt war. Da musste man einfach durch!

Es gab Scones, Tee, Bier und ein freundliches Lachen aus jeder Ecke. Padraig, der steinalte Nachbar, den ich nie in etwas anderem als seinem ölverschmierten Blaumann sah, gab zahnlos eine Geschichte nach der anderen zum Besten, die alle köstlich zu amüsieren schienen. Obwohl er angeblich Englisch sprach, verstand ich allerdings nicht ein einziges Wort.

Aber bald begannen auch andere zu erzählen und es entspann sich ein Hin und Her aus Mythen, Märchen und Geistergeschichten. Die *Túatha Dé Danann* schwebten durch den Rauch des Feuers, *Fionn mac Cumhaills* Weissagungskünste wurden gepriesen, *Airmeds* Umhang hüllte uns ein, und immer wieder wurde Bezug genommen auf Merkmale der Landschaft: „Westlich von Sligo steht ein Stein ... Auf dem Hügel hinter dem Haus meines Großvaters ... Auf dem Feld von Connor O'Douglan ... An der Westküste von Inis Mór ..." So begannen viele Sätze, die irgendwann nach Stunden ineinander verschwammen, fast zu einem Hintergrundgeräusch wurden, das mich in vereinter Kraft mit dem einen oder anderen Stout und der saunaartigen Hitze einlullte. Ich fühlte mich der Zeit entrückt, hörte Seán von *Brans* nicht enden wollender Reise erzählen, dachte kurz, er spräche über mich, und fühlte mit einem Schlag den Unterschied zwischen den verwurzelten Menschen hier und meiner eigenen Rastlosigkeit und fehlenden Zugehörigkeit.

Ich stand etwas schwindelig auf und ging nach draußen, wo mich ein glitzernder Sternenhimmel erwartete, der mich sonst stets faszinierte und beflügelte, mich heute aber einfach noch verlorener fühlen ließ als sonst schon.

„Wir sind alle hier", sagte Seán plötzlich neben mir, und ich erschrak, als hätte mir eine *Banshee* auf die Schulter geklopft. „Wir alle auf diesem kleinen blau-grünen Ball, der mit 107.000 km/h durchs All rast. Verrückt, oder?"

Solche Zahlenbeispiele hat Seán ständig auf Lager, da schlägt der Mathematiker in ihm diabolische Doppel-Salti.

Und nichts macht ihm mehr Freude, als bei seinen Vorträgen die Zuhörer mit entsprechenden Infos zum Staunen und mich als seinen Übersetzer zur Verzweiflung zu bringen. Schon mal die Drake-Gleichung zur Schätzung der Anzahl intelligenter Zivilisationen innerhalb unserer Galaxie aus dem Englischen übersetzt, die ein irischer Schnellsprechkünstler mit hartem Akzent herunterrasselt, während 150 Zuhörer Sie anstarren, als wären Sie völlig verrückt geworden? Ich schon – und ich kann die Formel mittlerweile sicherheitshalber auswendig.

Was Seán jedoch mit all diesen Zahlen und Formeln wirklich sagen will, ist stets, dass wir auf einem absolut erstaunlichen Planeten zu Hause sind. Dass alles ineinandergreift, aufeinander abgestimmt ist, von Wundern durchwirkt und uns jeden Tag als Geschenk dargebracht wird. Wenn ich alles, was er mir beibrachte, auf eine Aussage verkürzen wollen würde, würde sie wohl „Mach die Augen auf!" lauten.

Wenn wir alle auf diesem kleinen blau-grünen Ball unterwegs waren, dann waren wir alle hier zu Hause. Wir alle konnten den Geschichten des Landes unter unseren Füßen lauschen, auch wenn es die Iren in dieser Disziplin zur Meisterschaft gebracht hatten.

Ich spüre, dass die Geschichten und Mythen, auch wenn ich sie durcheinanderbrachte, sie nicht ordnen konnte, etwas in mir berührten. Etwas sehr Altes, eine Erinnerung, die nicht nur meine eigene war. Es schien mir so, als ob in mir ein Brunnen sei, in den jede Geschichte sich wie ein Eimer hinabsenkte, um das kostbare Wasser nach oben zu transportieren. Ich konnte noch keinen Blick auf dieses Wasser werfen, doch ich vermutete, dass ich in ihm mein eigenes Gesicht gespiegelt sehen würde.

Diese Geschichten, die Seáns Familie erzählte, waren keine Unterhaltung, sie dienten einem ganz anderen Zweck: Sie ließen den Zuhörer das grundlegend Menschliche in sich selbst entdecken. Etwas, das ihn mit all den Helden, Kriegern, Göttern und Göttinnen, Abenteurern und Irrfahrern verband.

Ich sagte nichts, schaute nur nach oben, während der Schwindel und die Hitzewallungen langsam vorübergingen. Die Sterne über mir, die dahinrasende Erde unter mir. Selbst Seán schwieg ganz unirisch. Weitere Familienmitglieder strömten aus dem kleinen Haus, verabschiedeten sich und verschwanden in die Nacht. Seán klopfte mir auf die Schulter und ging zurück ins Haus.

Ich stand noch eine Weile dort, betrachtete den großen Wagen, das einzige Sternbild, das ich zweifelsfrei identifizieren konnte. Dann ging auch ich ins Haus, legte mich in ein viel zu kurzes, knarrendes Bett und träumte von einer schwarzen Amsel, die auf meinem Arm saß und mir dann ihren Schnabel tief in die Brust stieß …

Anfänge

Möge deine Welt grün sein
und vor Lebendigkeit schier bersten.
Mögest du dich fühlen wie ein Baum,
der seit Ewigkeiten seine Wurzeln in die dunkle Erde streckt,
auf die geflüsterten Geschichten des Landes lauscht
und dessen Äste sich darum ohne jede Angst und Scheu
in den Himmel ausbreiten können.

Wenn Seán seine Familie in Irland besucht, steht meist auch etwas Handwerkliches auf dem Programm. Seán nimmt sich irgendeinen Schmierzettel, berechnet flott die Dinge und dann wird munter drauflosgewerkelt, wobei keine Herausforderung zu groß scheint. Und so hörte ich schon oft frühmorgens Seán und seinen Bruder irgendwo hämmern, sägen und vor allem lachen. Ich schaute aus dem Fenster und sah sie entweder mit absurden Gerätschaften, die man auf einer Großbaustelle vermutet hätte, oder aber riesigen Bauteilen durch die Gegend laufen. Wenn ich fragte, ob ich helfen könne, sahen sie mich immer an, als hätte ich den Verstand verloren. Wahrscheinlich hatte sich die Kunde meines handwerklichen Ungeschicks schon weit über meine heimatlichen Gefilde hinaus verbreitet.

An einem fast sonnigen Morgen saß Seán ganz oben auf dem beinahe fertigen Holzgerüst des neuen Hauses, das sich sein Bruder baute, und hämmerte ein paar Balken zusammen, während Seamus herumbalancierte und wohl einfach die Aussicht genoss. Ich zog mich an, schnappte mir eine Tasse Tee und trat nach draußen. Zwei Männer, einer Mitte 60, der andere fast 70, die ohne jede Sicherung auf einem Holzgerüst herumturnten, das jedem deutschen Bauamt das Entsetzen gelehrt hätte.

„Wenn ich euch zwei schwarze Hüte besorge, könntet ihr auf eurer Scheune glatt als Amish durchgehen", rief ich hinauf. „Interesse?"

„Ach, die würden mich noch schneller rausschmeißen als die Katholiken", meinte Seán. „Calvin und ich – das wird nichts mehr in diesem Leben!" Seamus lachte sich kaputt, versenkte aber trotzdem fachmännisch einen Nagel nach dem anderen. Seán packte indes sein Werkzeug ein und kletterte gewandt wie eine Bergziege von den Dachbalken herunter.

„Komm mit, ich will dir etwas zeigen", sagte er.

Wir packten ein paar Sandwiches und eine Thermoskanne Tee ein, sprangen in seine Ludenkarre und machten uns auf den Weg.

„Wohin fahren wir?"

„Zum Anfang", raunte er mit verstellter Stimme, die sich gut für einen Trailer zu irgendeinem drittklassigen Mystery-Thriller geeignet hätte.

Nach etwa 40 Kilometern auf lächerlich engen Straßen, die links und rechts von kleinen Steinmäuerchen begrenzt waren, hielt er plötzlich an. Ich war froh, dass wir endlich da waren, denn sein Fahrstil war nicht unbedingt dazu angetan, mich zu entspannen.

„Da sind wir", sagte er und schwang sich aus seinem Ledersitz. Ich stieg aus und sah … nichts. Wobei „nichts" nicht ganz richtig ist. Felder waren natürlich vorhanden, ein paar Sträucher und Bäume, die allgegenwärtigen Steinmauern. „Äh …", machte ich, doch Seán winkte mich schon weiter: „Ein paar Meter zu Fuß."

Wir latschten eine Weile über feuchte Wiesen, quetschten uns durch einen halb verfallenen Weidezaun und standen plötzlich auf einem Feld, in dessen Mitte ein beeindruckender Steinkreis zu sehen war. Einige Steine standen aufrecht, andere lagen am Boden, umgestürzt durch jahrhundertelange Bodenerosion, Seewind und die Arbeit ganzer Generationen fleißiger Wühlmäuse.

Eines muss man den Iren lassen: Sie machen kein großes Getue um ihre Kulturschätze! In Deutschland wäre dieser Steinkreis bestimmt von einem Sicherheitszaun umgeben gewesen, es hätte Infotafeln und eine kleine Holzhütte für den offiziellen Aufseher gegeben, der einem Eintrittsgeld abknöpfen würde. Hier jedoch lag dieser geschichtsträchtige Ort verlassen auf einem Feld, das irgendeinem Bauern gehörte, der mit seinem Trecker einfach immer einen kleinen Schlenker um die Steine fahren musste und sich nicht viel dabei dachte.

Die großen britischen Steinkreise in Stonehenge und Avebury waren mittlerweile zu Zirkus-Attraktionen verkommen, doch hier in Irland sahen die Leute ihr Erbe eher locker. Die Steinkreise gehörten ebenso dazu wie die Geschichten, die Pubs und die Kirchen.

Wir setzten uns in den Kreis und ließen die Atmosphäre auf uns wirken.

„Weißt du, was ich an diesen Steinkreisen am schönsten finde?", fragte mich Seán.

Ich hatte keine Ahnung und zuckte nur mit den Schultern.

„Dass niemand so genau weiß, wozu sie wirklich dienten, was die Menschen glaubten, die sie bauten. Es gibt so viele

Theorien, aber letztlich sind sie einfach da. Stehen hier herum wie eine Frage, die nur auf jemanden wartet, der sich von ihr davontragen lässt."

Man muss vielleicht dazusagen, dass die Steinkreise nicht von den Druiden errichtet wurden, wie oft fälschlicherweise angenommen wird. Es gibt Hinweise darauf, dass die Druiden sie genutzt haben – vielleicht als Kultstätte, als Meditationsplatz, vielleicht als eine Art Observatorium. Aber wahrscheinlich haben auch sie sich schon gefragt, wer diese riesigen Steine hierhergeschafft hat und warum.

Ganz sicher war jedoch – und für mich auch spürbar –, dass die Steinkreise ähnlich wie die Geschichten und Mythen wirkten, denen ich so gerne lauschte. Sie sprachen etwas an, berührten eine Erinnerung in mir, die nicht in meinem Kopf, sondern eher in meinem Bauch verortet war.

„Sag mal, Seán, was sind diese Mythen für dich? Glaubst du sie?"

„Du meinst, ob ich sie für wahr halte?"

Ich nickte.

„Faktisch korrekt sind sie sicherlich nicht", sagte Seán. „Bestimmt keine Texte, die man in den Nachrichten bringen würde. Aber wahr sind sie dennoch! Wie soll ich das erklären?" Er blickte einen Moment nachdenklich zu Boden. „Für mich ist etwas wahr, was die Kraft hat, mich zu transformieren, mich in Einklang zu bringen mit einem tieferen Strom von Wahrheit, der fast unbemerkt diese Welt durchdringt. Du kannst diese Kraft Tao nennen – ich nenne sie Gott oder auch Göttin oder aber den kosmischen Christus. Aber das sind alles nur Worte."

„Die heidnischen Mythen erzählen dir also etwas von deinem Gott?"

„Natürlich! Ich mag die Bibel – ist eine Berufskrankheit –, aber ich denke nicht, dass sich nur dort etwas Göttliches finden lässt. Jeder Mythos erzählt von Gott, erzählt vom Menschsein, von unserer Suche nach Menschlichkeit, unseren ganz grundsätzlichen Fragen. Wer bin ich? Woher komme ich? Wohin gehe ich? Dürfte dir doch bekannt vorkommen ..."

Er grinste mich an und biss in sein labberiges Sandwich.

„Die Steinkreise, das Herdfeuer, die Küsten und Klippen, der Nebel und die Feenhügel – das sind die Geburtsorte dieser Geschichten. Deshalb habe ich dich nach Irland eingeladen. Weil du schon jede Menge Antworten gehört hast, aber keine Geschichten."

Und genau das holte Seán nun nach. Wir blieben den ganzen Tag, während Seán erzählte, erzählte und erzählte. Wie er immer sagte: „Ich bin Ire. Gib mir ein Thema und ich höre nicht eher auf zu reden, bis du mich erdrosselst ..."

Er war jedoch ein verdammt guter Erzähler, der keine Gefahr lief, körperliche Gewalt zu riskieren, sondern es schaffte, mit jeder Geschichte Bilder heraufzubeschwören, ein echtes Kopfkino. Offenbar bestand dieses Land nicht aus Erde, Felsen und Bächen, sondern aus Geschichten, Heldentaten, Irrfahrten, ritterlichen Questen und schamanischen Reisen. Zwischendurch gingen wir an der Küste spazieren, blickten aufs Meer, aßen die letzten Sandwiches (irgendwann bringe ich den Iren bei, wie man Vollkornbrot backt – versprochen!) und saßen bei Einbruch der Dunkelheit wieder im Kreis, in Stein gewordenen Geschichten, in den Nachthimmel aufragenden Fragen.

Der Blick zu den Sternen, umgrenzt von den tonnenschweren Steinen, ließ mich erahnen, wie die Menschen in alter Zeit versucht hatten, die Ordnung des Himmels auf der Erde abzubilden, sich einzufinden in das große Ganze. Schon immer hatten wir Versuche unternommen, HIER zu sein, unser Herz mit der Erde schlagen zu lassen, während sich unser Geist in den Himmel aufschwang. Von dieser Bewegung kündeten alle keltischen Mythen, die in der Landschaft um mich herum und in dem zaundürren Priester neben mir darauf warteten, lebendig zu werden, mich mitzunehmen auf eine Reise zu mir selbst.

Vielleicht ist Irland deshalb so ein Sehnsuchtsland für viele Deutsche: Weil hier etwas gegenwärtig ist, das unsere Tiefe anspricht. Weil der Wind uns die Flausen aus dem Kopf treibt, weil Volksmusik hier alles andere als peinlich ist und weil das Uralte gleichberechtigt neben dem Neuen existiert. Und weil die Wellen des Atlantiks rau sind, unsere inneren Klippen zernagen und unser Herz freilegen, das sich mit einer seltsamen Mischung aus melancholischer Zärtlichkeit und freudiger Zugewandtheit der schlichten Menschlichkeit widmen kann. Der Journalist und Reiseschriftsteller Alfred E. Johann sagte über diese emotionale Vermengung: „Wo auch immer ich mich aufhielt in Irland – dies war das Geheimnis seines Zaubers, dass das Land lächelte unter Wolken von Schwermut."[6]

Seán und ich saßen im Steinkreis auf dem Boden, ließen den Blick und die Seele schweifen, sahen zum Himmel empor, spürten die Dunkelheit und die Weite, in der so vieles verborgen und alles enthalten war. Ich dachte an die Kelten, die von Schottland bis Spanien, von Frankreich über Deutschland und Österreich bis in die Türkei ihre Spuren hinterlassen hatten. Die Spuren ihrer Weltsicht, die ohne analytische Philosophie, aber nicht ohne Geschichten auskam – die immer „sowohl als auch" statt nur „entweder oder" enthielt, die nie zwischen dem

Göttlichen und Weltlichen unterschied, sondern alles ineinander übergehen ließ. Die den Nebel nicht unbedingt lüften wollte, sondern die Schönheit im Schemenhaften erkannte.

Hier war etwas, das wichtig für mich war. Und Seán half mir stets, in dieses Wichtige einzutauchen, es einzuatmen, es in jedem Knochen, in jeder Zelle zu spüren.

Hatte ich Fragen, konnte ich mich immer auf Seán verlassen, denn er war nie um eine weit ausschweifende Antwort inklusive mythologischer Geschichte plus Bibelbezug verlegen. Am meisten mochte ich es, wenn er auf eine Frage entgegnete: „Dazu habe ich drei Dinge zu sagen …", denn ich wusste genau, dass er zum Zeitpunkt dieser Antwort, bei der er dann auch immer artig drei Finger in die Luft streckte, noch keinen blassen Schimmer hatte, *welche drei Dinge* er denn erzählen würde. Nach einem seiner Vorträge, den ich übersetzt hatte, verriet er mir mal sein Geheimnis: „Ganz ehrlich, ich weiß nicht, um welche drei Punkte es geht, aber wenn ich das so sage, dann bin ich immer hundertprozentig sicher, dass sich eine dreiteilige Antwort ergeben wird." Und tatsächlich, das schaffte er jedes Mal, ohne auch nur einmal in Verlegenheit zu geraten.

Die Kelten, denen die Welt viele große Geschichtenerzähler zu verdanken hat, waren insgesamt ein seltsames Völkchen und vieles, was sie gedacht und getan haben, bleibt nach wie vor im Dunkeln. Ihr Name stammt vom griechischen Wort *keltoi,* doch weitergehende etymologische Kenntnisse sind eher schemenhaft. Einige Historiker meinen, dass der Name „die Versteckten" bedeute, andere gehen wiederum davon aus, dass es „die Emporragenden" heiße. Weiter könnten die Vermutungen wohl nicht auseinanderliegen. Fest steht zumindest, dass sich offenbar auch manche keltischen Stämme selbst als Kelten bezeichneten, anders als die Germanen, denen der ihnen zugewiesene römische Sammelbegriff eher fremd war.

Als klassische keltische Zeit betrachtet man grob den Zeitraum vom 8. Jahrhundert vor Christus bis etwa ins 5. Jahrhundert nach Christus. (Da ich den Sonderweg des keltischen Christentums als einzigartige Fusion aus heidnischen und christlichen Vorstellungen und damit als originär keltisch werte, betrachte ich diese klassische Zeit als bis ins 7. Jahrhundert reichend – genauer gesagt, bis ins Jahr 644. Dazu aber später mehr.)

Ihre größte Ausbreitung fand die keltische Welt, deren archäologischen Spuren man in Anatolien, Kroatien, Ungarn, Tschechien, Norditalien, Österreich, Schweiz, Süddeutschland, Frankreich, Nordspanien, Südostengland, Irland, Schottland und Wales begegnen kann, im 3. Jahrhundert vor Christus.

Außer der Sprache, die im heutigen Walisisch, Gälisch und Bretonisch überlebt hat – das keltische Manx von der Isle of Man und das Kornische, was in Cornwall gesprochen wurde, sind leider ausgestorben –, verband die Menschen, die als Kelten bezeichnet wurden oder sich selbst bezeichneten, vor allem eine bestimmte Weltsicht, die ihren Ursprung im Animismus hat. Dieser Animismus (von lat. *animus* = Hauch, bzw. *anima* = Seele) geht davon aus, dass alles in der Welt beseelt und alles von heiligem Leben durchdrungen ist: der Hirsch, der Fuchs, die Esche und der Ginster, das Gras auf den Hügeln, der Felsen, an dem sich die Meereswelle bricht, das Meer selbst, der Himmel, die Erde, das Feuer, der Fluss, der Mensch und die Amsel, die jeden Morgen ihr Lied anstimmt – sie alle sind Lebewesen voller Seele, aus göttlichem Grund stammend und dazu berufen, miteinander in Einklang zu leben. Die Welt wurde gedacht als Ort, an dem sich Seelen, Geister, Götter und personifizierte Naturkräfte trafen und miteinander wirkten. Schon seit der Jungsteinzeit gibt es Nachweise in Form von Höhlenmalereien, Kunstwerken, Grabbeigaben etc., die ein aus diesen Vorstellungen erwachsenes schamanisches Wirken belegen: Die Schamanin und der Schamane waren die Mittler zwischen den Menschen und anderen Geistern/Seelen, die entweder diese Welt bevölkerten oder aber in einer sogenannten Anderswelt, einer geistigen Parallelwelt, vermutet wurden.

Die schamanisch Tätigen reisten beispielsweise zu den Geistern der Tierherden und fragten um Erlaubnis, ein oder mehrere Mitglieder der tierischen Gemeinschaft zum Wohle des menschlichen Stammes zu töten. Ebenso waren sie für entsprechende Dankesopfer zuständig und holten Wissen über Pflanzen und ihre Kräfte aus der Anderswelt, sodass sie sich auch um Kranke kümmern konnten. Grob vereinfacht könnte man sagen, dass der Animismus und der Schamanismus, aus dem letztlich auch das Druidentum hervorgegangen ist, sich um eine sehr tiefe Form der Kommunikation mit der Welt bemühten und dabei ein Höchstmaß an Respekt und Ehrfurcht aufbrachten. Es war also alles andere als ein totes Uhrmacher-Universum, in dem die Kelten sich verorteten.

Vielmehr lebten sie in einer Welt, in der alles überaus lebendig war und aufgrund dessen als heilig angesehen wurde.

Auch die Kelten selbst waren in jeder Hinsicht lebendig: Sie feierten gern, waren oft großspurig, liebten ihre Heldensagen, vielleicht auch tatsächlich den Kampf und den Wettbewerb, das Trinken, die Dichtkunst, Schmuck, schöne Kleidung und ihre Waffen.

Vielleicht wirkte ihre Wildheit auf die Griechen und Römer ein wenig einschüchternd, zumindest ließen sich viele der antiken Schreiber eher abfällig über sie aus. „Ihr Aussehen ist furchterregend", beklagte sich Diodor, ein griechischer Historiker, der in der ersten Hälfte des 1. Jahrtausends v.Chr. gelebt hat. „Ihre Stimmen klingen tief und allgemein rau. (…) Vieles drücken sie in Übertreibungen aus, wobei sie sich selbst erhöhen und andere herabsetzen. Sie drohen gerne, reden hochfahrend und theatralisch. (…) Ihre Haut ist fast krankhaft weiß. Ihre Haare sind nicht nur von Natur blond, sondern diese Besonderheit der Haarfarbe heben sie noch durch die Behandlung [hervor]. Sie bleichen es auch noch auf künstliche Weise, waschen es in Kalklauge und kämmen es von der Stirn nach oben. Daher ähnelt ihr Anblick den Satyrn oder Panen. (…) Manche rasieren sich, andere, vor allem die Vornehmen, lassen sich bei glatt geschabten Wangen einen Schnurrbart lang herabwachsen, sodass ihr Mund verdeckt ist und beim Essen und Trinken als ein Seiher wirkt."[7] Man kann sich gut vorstellen, wie ein paar gut situierte Bürger auf dem *Forum Romanum* zusammenstanden und einer das Gespräch mit „Ich habe ja nichts gegen Kelten, *aber* …" begann.

Aufgrund ihrer Weltsicht der Beseeltheit, der inneren Verbundenheit aller Wesen und der tiefen Überzeugung von einer allem innewohnenden Heiligkeit, kann man die Kelten getrost als eine kulturell verbundene Gemeinschaft verschiedener Stämme bezeichnen, deren ganze Gesellschaft um das Spirituelle kreiste. Der am deutlichsten sichtbare Ausdruck dieser alles durchdringenden Spiritualität war das Druidentum.

Die Druiden und ihre weiblichen Entsprechungen, die Bandrui, waren eine eigene Kaste innerhalb der keltischen Gesellschaft, die ein hohes Ansehen genoss und auch über weitreichende Macht verfügte. Traditionell vereinte diese Personengruppe die Aufgaben von Priestern, Magiern, Astronomen, Philosophen, Beratern von Königen, Heilern, Kräuterkundigen, Dichtern, Geschichtenerzählern und Bewahrern der Tradition und Historie. Damit erfüllten sie eine ähnliche Funktion, wie das die Brahmanen im alten Indien taten und teilweise heute noch tun.

Auch die Etymologie des Begriffs „Druide" ist nicht gänzlich geklärt, scheint aber auf etwas hinzudeuten, was uns mit nur einem Wort einen Hinweis auf die besondere Qualität dieser oft hochgebildeten Kaste gibt. Zum einen gibt es die Theorie, dass sich das Wort von *deru* für stark, unerschütterlich und *weid* für sehen ableitet, wonach der Druide dann derjenige wäre, der weit sehen kann, der über Weitsicht verfügt, somit ein Weiser ist. Zum anderen wird vermutet, dass sich das Wort von *dru* für Eiche[8] und *wid* für Wissen ableitet[9] und damit einen Wissenden der Eichen meint, einen Eichenkundigen, einen Waldkundigen oder auch einen Waldweisen.

Der letzte Begriff gefällt mir besonders: *Waldweise* zu sein, stelle ich mir in jeder Zeit, vor allem aber in unserer heutigen, als sehr hilfreich und heilsam vor. Im Grün der Welt wirklich zu Hause zu sein, angeschlossen zu sein an die Zyklen der Natur, jedem Wesen mit Respekt zu begegnen, das Heilige in allem zu ehren, dem Göttlichen im Außen und Innen nachzuspüren und als achtsamer Teil einer globalen Lebensgemeinschaft zu wirken – das klingt für mich ziemlich erstrebenswert. Zum Glück hat sich ein Großteil dieser paganen Einstellung auch im keltischen Christentum erhalten und verband dort mit der christlichen Botschaft sozusagen das Beste aus zwei Welten, worauf wir später noch zurückkommen werden.

Grundsätzlich kann man sagen, dass es im Druidentum um eine Öffnung gegenüber der Magie des Lebendigseins ging (und in manchen modernen Formen des wiederbelebten Druidentums auch immer noch geht). Vieles können wir nur mühsam rekonstruieren und manche Lücke wohl auch nur mit Fantasie füllen (womit kein Kelte Probleme hätte), aber die druidische Weltsicht scheint sich wie fast alle mystisch orientierten Zweige der verschiedenen Religionen in einem Dreiklang aus Achtsamkeit, Staunen und Dankbarkeit befunden zu haben: Die Kelten schauten die Welt tatsächlich an, ließen sie auf sich wirken, staunten über das, was sich ihnen darbot – die Fülle, die Vielfalt, die Schönheit und Wildheit –, und waren dankbar, Teil dieses großen Lebenskreises sein zu dürfen.

Diese drei Grundpfeiler der mystisch orientierten Spiritualität, die stets mehr die Immanenz als die Transzendenz des Göttlichen im Fokus hat, öffnet uns auch gegenüber tieferen Ebenen unseres Bewusstseins: Wenn Achtsamkeit, Staunen und Dankbarkeit sich treffen und einander bedingen, sich durchdringen, treten wir in Beziehung: mit der Natur, mit dem Göttlichen, mit uns selbst. Darin ähneln sich Druidentum und Schamanismus – und auch die mystischen Zweige der Weltreligionen, ganz gleich aus welchen Ecken der Welt sie stammen.

Ich glaube, diese wirkliche Beziehung ist es, die mich an mystischen Wegen stets fasziniert hat – ob sie nun im Kontext des Heidentums, des Christentums, des Islams, des Judentums, des Hinduismus, des Buddhismus oder Taoismus geboren waren. Schon bei der Betrachtung all dieser Wege wurde mir bewusst, dass eine solche Spiritualität, die auf der eigenen Erfahrung gründet und sich dabei der Welt vorbehaltlos aussetzt, eben keine Weltflucht ist, sondern im Gegenteil dazu führt, ganz in der Welt präsent und vom Geschenk des Lebens erfüllt zu sein. Wenn ich dann Menschen traf, die sich einem solchen Weg verschrieben hatten, und ich gemeinsam mit christlichen Mönchen und Nonnen, Sufis, modernen Druiden, Yogis und Yoginis, Taoisten oder Buddhisten meditierte, konnte ich in der Stille dieser Momente wahrnehmen, wie die Grenzen zwischen den Wegen verschwammen und nur Menschlichkeit und Hingabe an das Sein des Augenblicks übrig blieben. Ich atmete ganz einfach mit diesen Menschen ein und aus, und mir wurde klar, dass wirkliche Verbindung eine unserer Grundsehnsüchte ist, egal in welcher Kultur wir aufgewachsen sind.

Diese innige Verbindung, dieses Eintauchen in die Welt, wertschätzten wohl auch die alten Kelten. Für sie bedeutete dies vor allem, mit allen Aspekten der Natur in Beziehung zu treten und mit Steinen, Bäumen, Pflanzen, Tieren und Menschen auf tiefer Ebene zu kommunizieren. Ebenso ging es ihnen aber darum, mit dem andersweltlichen Charakter der Welt in Kontakt zu sein, mit Wesen aus der Geistigen Welt, Elfen, Gottheiten und Naturgeistern zu sprechen und von allem und jedem zu lernen.

Eine dieser Gottheiten, die eine ganz besondere Form des In-Beziehung-Tretens symbolisiert, nämlich die Gestaltwandlung, war Ceridwen. Die Vorstellung, dass manche Götter oder Göttinnen die Fähigkeit zur Gestaltwandlung haben, ist in paganen Gesellschaften weit verbreitet und steht immer für die Aufnahme einer tiefen Verbindung. Wenn man sich in etwas verwandeln kann, sich gänzlich in etwas hineinversetzen kann, dann versteht man es auch.

Dazu gibt es eine wunderbare Geschichte, die uns letztlich

auch wieder den Bogen zum keltischen Christentum schlagen lässt.

Ceridwen, die hauptsächlich in der Mythologie Wales' vorkommt, hatte zwei sehr gegensätzliche Kinder: ihre Tochter Creirwy, die weithin als das schönste Mädchen bekannt war, und einen Sohn, der leider potthässlich war. Zu allem Überfluss nannte sie den Jungen, als hätte er es nicht ohnehin schon schwer genug, auch noch Afaggdu. Wenn der Klang seines Namens und sein Aussehen irgendwie in einem Zusammenhang standen, dann können Sie sich vielleicht ein Bild machen und in spontane Mitleidsbezeugungen ausbrechen. Wie auch immer: Ceridwen fand, dass Afaggdu irgendeinen Ausgleich für sein Schicksal verdient hätte, und da sie nicht nur Göttin, sondern auch Zauberin war, machte sie sich daran, einen Weisheitstrunk zu brauen. Sie dachte: „Wenn der Junge schon so vermaledeit aussieht, dann sollte er wenigstens clever sein!" Und so rührte sie in einem großen Kessel einen Trank zusammen, der Affagdu alle Weisheit der Welt schenken sollte. Der Trank musste permanent umgerührt werden, doch zu ihrem großen Verdruss musste sie zwischendurch auch mal weg, irgendetwas erledigen, was Götter eben so erledigen müssen. Da kam ihr Gwion Bach, ihr Gehilfe, gerade recht. Sie schärfte ihm ein, immer weiter zu rühren und vor allem unter gar keinen Umständen etwas von dem Trank zu probieren. Dann verschwand sie und Gwion Bach rührte mit einem großen Löffel fleißig im Kessel herum. Wer schon einmal Tomatensoße von der Küchendecke gewischt hat, weiß, dass manche Flüssigkeiten beim Kochen dazu neigen, vulkanartig zu explodieren, und so ging es auch Gwion Bach mit dem Zaubertrank: Es blubberte, es zischte … und Gwion Bach zuckte zusammen, als drei Tropfen des brüllheißen Gebräus auf seinem Daumen landeten. Ohne lange zu überlegen, steckte er den Daumen in den Mund, um den Schmerz zu stillen, und hatte somit also von dem für ihn verbotenen Trank gekostet.

Der dramatische Auftritt Ceridwens nach der Rückkehr vom Shoppen ließ nicht lange auf sich warten. Ein Blick genügte ihr, um zu erkennen, dass Gwion Bach den Trank probiert und alle Weisheit in sich aufgenommen hatte, während Afaggdu weiterhin hässlich und womöglich auch strohdumm bleiben würde. Da kann man als besorgte Mutter schon mal zickig werden, wobei sich die Zickigkeit von Göttern meist darin äußert, dass sie irgendjemanden umbringen möchten. Gwion Bach floh also, und mit seiner neu gewonnenen Weisheit – seinem tiefen Verständnis für das innere Wesen der Dinge – verwandelte er sich direkt in einen Hasen, um bessere Chancen auf der Flucht zu haben. Ceridwen verwandelte sich daraufhin in eine Jagdhündin. Gwion Bach wurde zur Amsel, Ceridwen zum Habicht. Gwion Bach wurde zum Lachs, Ceridwen zum Otter. Und so weiter. Irgendwann dachte sich Gwion Bach – und das lässt mich doch an der Qualität des Weisheitsgebräus zweifeln –, dass es vielleicht eine gute Idee wäre, sich in ein Getreidekorn zu verwandeln. Und zack! ... lag er gemeinsam mit vielen anderen Getreidekörnern gut getarnt auf einem Haufen. Aber Ceridwen verwandelte sich in ein Huhn, gackerte einmal und pickte ihn auf.

Hier könnte die Geschichte zu Ende sein, doch die keltischen Geschichtenerzähler wären keine Kelten, wenn sie nicht noch einen draufsetzen würden: Ceridwen wird von diesem Getreidekorn schwanger – und neun Monate später bringt sie einen Sohn zur Welt, den sie Taliesin nennt.

Dieser Taliesin ist nun wiederum eine historisch verbürgte Figur. Ein Barde, der vermutlich im 6. Jahrhundert n.Chr. gelebt hat, aus dem keltischen Wales stammte und an mehreren britannischen Königshöfen für seine Vortragskunst berühmt wurde. Hier sieht man, wie problemlos die Kelten Historie und Mythologie miteinander verknüpfen und dabei keinerlei Berührungsängste oder Bedenken bezüglich der Plausibilität zeitlicher Abläufe haben.

Das 6. Jahrhundert, in dem Taliesin lebte, war die Blütezeit des keltischen Christentums, eine Zeit, in der Heidentum und Christentum bereits ihre eigentümliche Liason eingegangen waren – und Taliesin soll angeblich gesagt haben, dass es das Christentum schon immer in Britannien gegeben habe: „Christus das Wort war von Anfang an unser Lehrer, und wir haben seine Lehren niemals aufgegeben. In Asien war das Christentum eine Neuheit, aber zu keiner Zeit hielten sich die Druiden von Britannien nicht an seine Glaubenssätze."[10] Eine Idee, die ein wenig an das „anonyme Christentum" Karl Rahners erinnert.

Überhaupt waren die Kelten (und hier vor allem die Iren) stets darum bemüht, zu zeigen, dass ihnen die christlichen Lehren schon sehr früh – früher als den meisten anderen Völkern – bekannt waren. So gibt es eine interessante Legende über König Conchubar mac Nessa und den Druiden Buchrach, die unter anderem auch von W.B. Yeats weitergetragen wurde. Darin wird erzählt, wie der König, der im 1. Jahrhundert n.Chr. gelebt haben soll, eines Tages spürte, dass eine große Veränderung in der Welt vorginge, und daraufhin den Druiden Buchrach nach diesen Geschehnissen fragte. Dieser antwortete ihm, dass in eben jener Stunde, in der sie hier miteinander sprachen, in einem fernen Land Jesus Christus, der Sohn Gottes, gekreuzigt werden würde. Eine andere Version dieser Geschichte erzählt, dass der König nicht seinen Druiden fragte, sondern den römischen Konsul Altus, der zu dieser Zeit in Irland weilte. In dieser zweiten Version stirbt der König nach dieser Nachricht vor Aufregung und wird somit der erste Ire im Himmel, da er ja noch vor seinem Tod von Jesus gehört hatte.

Ebenso gibt es die Geschichte eines Mannes namens Morann, der angeblich den Apostel Paulus besuchte und einen Brief von ihm in einem Anhänger um den Hals trug, als er nach Irland zurückkehrte.

Was immer auch von diesen Geschichten stimmen oder nicht stimmen mag, den Iren war es auf jeden Fall wichtig, dass sie zu jenen gehörten, denen das Christentum nicht von irgendwelchen Eroberern aufgedrückt wurde, sondern die es selbst „entdeckt" hatten.

Und tatsächlich gibt es bei der Ankunft des Christentums in Irland große Unterschiede zur Christianisierung des europäischen Festlandes.

Das Christentum hatte sich seit der Konstantinischen Wende, beginnend mit der Mailänder Vereinbarung 313 und vor allem nachdem das Christentum ab 380 als römische Staatsreligion galt, hauptsächlich über die römischen Eroberungen verbreitet. In den eroberten Ländern wurde das Christentum systematisch gefördert, zum Beispiel durch bessere Aufstiegschancen für Christen, manchmal wurden pagane Kulte auch verboten oder mit Restriktionen belegt. Das Römische Reich breitete sich aufgrund seiner militärischen Stärke und seinem hohen Organisationsgrad immer weiter aus, wobei es im 3. Jahrhundert nahezu ganz Europa umfasste. Die Römer waren wahre Genies in der Kriegskunst und im Straßenbau, was ihren Legionen erlaubte, schnell von einem Einsatzort an den anderen zu gelangen, sodass die Gegenwehr meist gering ausfiel. So eroberten sie einen Landstrich nach dem anderen. Doch an Britannien bissen sie sich die Zähne aus und schafften es nie so ganz, aus dieser Insel eine befriedete Provinz zu machen. Vor allem der nördliche Bereich an der heutigen Grenze zwischen England und Schottland war über lange Zeit ein unsicherer Ort, an dem immer wieder Aufstände aufflackerten. Im 2. Jahrhundert wurde dort der Hadrianswall erbaut, ein fast 120 km langer Wall zum Schutz des Handels, also zur Erhebung von Zöllen, und zur Kontrolle des Personenverkehrs. Dieses Bauwerk, was hauptsächlich die Migration schottischer und irischer Stämme in das römische Gebiet verhindern sollte, markierte kurz gesagt eine Linie, deren Überschreitung nahezu jeden Römer das Leben kostete. Es gab ein paar Feldzüge in das hinter dem Wall liegende Gebiet, die aber allesamt recht blutig scheiterten – dort lebten nach römischer Auffassung nur tätowierte Pikten, bemalte Barbaren, Wilde und andere Verrückte. Schottland war sozusagen das Wacken-Festival der Spätantike. Und da es hier schon so schwierig war, obwohl man auf der Insel ja mehr als einen Fuß in der Tür hatte, dachten sich die Römer wohl, dass sie es mit Irland erst gar nicht versuchen würden.

Das Christentum breitete sich in Irland also nicht aufgrund der militärischen Herrschaft eines christlichen Eroberers aus, sondern weil einige wenige christliche Mönche aus Gallien übersiedelten und lebendige Überzeugungsarbeit leisteten. Anders ausgedrückt: Irland wurde nicht gewaltsam *christianisiert*, sondern christlich *inspiriert*. Wie gesagt, geschah dies durch

Mönche aus Gallien, die sich an Martin von Tours orientierten, jenem römischen Offizier, der seinen Mantel mit einem Bettler teilte, in der Nacht darauf eine Vision von Jesus hatte und Mönch wurde, und dem wir heute noch am St.-Martins-Tag gedenken. Martin war eng mit Bischof Hilarius von Poitiers bekannt, der ihn auch getauft hatte und ihn wahrscheinlich mit den Lehren der Wüstenväter aus Palästina, Ägypten und Syrien vertraut machte, die bei der Christianisierung Irlands noch eine große Rolle spielen werden. Jedenfalls faszinierten Martin die Erzählungen über die Wüstenväter, sodass er in der Nähe von Tours (genauer gesagt in Marmoutier) 80 Mönche versammelte, um mit ihnen ein Leben nach dem Vorbild dieser Anachoreten aus dem Osten zu führen, die versucht hatten, die Essenz der Lehre Jesu in ihrem eigenen alltäglichen Leben aufscheinen zu lassen. Im Jahre 375 wurde dann das berühmte Kloster in Marmoutier gegründet, das einige Jahre später St. Ninian besuchte, der wiederum danach nach Galloway in Schottland ging und dort das Kloster Candida Casa (das weiße Haus) aufbaute. St. Ninian missionierte von Galloway aus die im Süden Schottlands lebenden Pikten und weitete seine Bemühungen, die sich stets am gallischen Vorbild orientierten, nach Nordirland aus.

Die ersten Christen, denen die Iren also begegneten, waren weder militärische Eroberer noch Mitglieder des römischen Klerus, sondern gallisch geprägte Mönche, die zudem noch stark von den Wüstenvätern beeinflusst waren. Und diese erste Begegnung prägte den weiteren Verlauf des keltischen Christentums nachhaltig.

Der berühmteste Nationalheilige Irlands, der heilige Patrick, dem man gemeinhin zuschreibt, Irland das Christentum gebracht zu haben, war dagegen der Sohn eines römisch-britannischen Adligen, den irische Piraten zuerst entführt und dann sechs Jahre lang gefangen gehalten hatten. Nachdem er aus seiner Knechtschaft geflohen war, begab auch er sich zuerst nach Gallien und später wieder nach Britannien, wurde geistlich ausgebildet und schließlich 432 als geweihter Bischof nach Irland zur Missionierung zurückgeschickt. Hier bewies er großes Geschick darin, einflussreiche Personen mit wohlgewählten Worten von der christlichen Lehre zu überzeugen. Ein System, das gut funktionierte und Patrick großen Ruhm einbrachte.

In gewissem Sinne war die Missionierung in Irland einfacher als auf dem Festland, da die christliche Botschaft auf den fruchtbaren Boden des Druidentums fiel. Für die Kelten war die Natur von Gottheiten und personalisierten Kräften durchdrungen – alles war beseelt und von heiliger Lebendigkeit erfüllt. Den gleichen Denkansatz verfolgten sie auch nach ihrer Hinwendung zum Christentum: Wie früher die Geister und Elementarwesen die Welt bevölkerten, so war es nun der Geist Gottes, der überall und in allem spürbar war, sowie die Heiligen, die in der Vorstellung der keltischen Christen immer gegenwärtig waren. Auch die Trinitätslehre erschien den Kelten nicht so abwegig wie vielleicht anderen heidnischen Völkern, da sie das Göttliche stets in Dreiheiten gedacht hatten. Die Druidenschulen legten Wert darauf, dass nichts Heiliges aufgeschrieben werden durfte und somit Gefahr lief zu erstarren. Daher mussten angehende Druiden alles auswendig lernen, wobei ihnen die sogenannten Triaden hilfreich waren, Lehren in Versform, die sich immer auf drei Dinge bezogen. Man kann sich diese Triaden als Merksätze vorstellen, die sich mal auf Heilung bezogen: „Ein guter Heiler schenkt den Kranken drei Dinge – heißes Wasser, die richtigen Kräuter und ein großes Herz." Ein anderes Mal auf die Geschichte: „Drei gerechte Herren von der Insel Pyrdains – Run, Sohn des Maelgwyn; Owen, Sohn des Urien; Rauwn Pefyr, Sohn des Deorath Guledig."[11] Und ein weiteres Mal auf die Götter: „In drei Gestalten schreitet die Göttin daher – als junges Mädchen, als Mutter und als weise Alte."

Die drei halfen beim Erinnern an das eine Ganze, das sie bildeten. Und so konnte St. Patrick in ähnlicher Weise die Trinität erläutern:

> „Drei Gelenke im Finger, doch nur ein ganzer Finger;
> Drei Blätter am Kleeblatt, aber nicht mehr als ein Kleeblatt sich anzustecken,
> Frost, Schneeflocken und Eis, kommen alle vom Wasser her,
> Drei Personen in Gott; allein zu einem Gott beten wir."[12]

Wie bereits erwähnt, gingen viele Kelten selbst von einer seit Anbeginn der Zeit bestehenden Affinität zur christlichen Lehre aus – und in gewisser Weise haben sie damit wohl recht. Vielleicht können wir lernen, Druidentum und Christentum als zwei Äste desselben Baumes zu betrachten, dessen Wurzeln tief in der menschlichen Seele gründen. Seán sagte einmal zu mir, dass die Druiden das Göttliche in der Schöpfung ehrten, somit Gott in allem erkennen konnten und daher genau wie Jesus in die Essenz alles Seienden blickten. Und wie die Druiden innerlich in die Anderswelt reisten, um Weisheit zu erlangen, so hätte auch Jesus kontemplative „Gebetsreisen" in die Sphäre

Gottes unternommen, um dort die Kraft für sein großes Mitgefühl zu gewinnen. Das wird man so wohl in keinem Theologie-Seminar zu hören bekommen, aber mir schien die Nähe dieser beiden Weltanschauungen doch augenfällig zu sein.

Man begeht meines Erachtens ohnehin einen großen Fehler, wenn man das vorchristliche religiöse Empfinden als primitiv oder barbarisch aburteilt und das Christentum als Retter in einer ausschließlich dunklen Zeit ansieht.

Weder waren die Kelten ungehobelte Wilde noch waren alle christlichen Mönche, Nonnen und Priester Heilige, die mit jedem Atemzug Nächstenliebe verbreiteten. All dies sind nur lieb gewonnene Vorurteile, mit denen man sich selbst erhöht, weil man sich in der trügerischen Sicherheit wiegt, auf der richtigen Seite zu stehen.

In diesem Zusammenhang muss man zugeben, dass auch der heilige Patrick sich hier nicht mit sonderlich viel Toleranz oder Feingefühl hervortat. Tara, den Sitz der keltischen Hochkönige, bezeichnete er beispielsweise als „Ort der finsteren Abgötterei"[13]. Und seine berühmteste Tat, das Entzünden des Osterfeuers in der Beltaine-Nacht, in der traditionell alle Feuer im Land gelöscht und nur durch den Hochkönig (und gleichzeitig obersten Priester) von Tara entfacht werden durften, war ein wohlkalkulierter und absolut respektloser Tabubruch, ähnlich wie das Fällen der Donareiche in Geismar durch Bonifatius. Interessant ist übrigens, dass sich Patrick nach diesem Ereignis gegen die Druiden, die ihn zur Rede stellen wollten, ganz selbstverständlich mit Magie und Schutzzaubern zur Wehr setzte. So erzählt es zumindest die Legende, die weiterhin berichtet, dass Patrick, als er 40 Tage auf dem Berg *Cruachán Aigil* (später in *Croagh Patrick* umbenannt) verbrachte, eine schwarze Handglocke geläutet haben soll, um sich gegen Dämonen zu verteidigen, wodurch alle Schlangen ins Meer gestürzt und nie mehr nach Irland zurückgekehrt seien. Aufgrund des Klimas ist es mehr als zweifelhaft, ob es in Irland jemals Schlangen gegeben hat. Darum muss man diese Legende mit einem anderen Hintergrund betrachten: Als „Schlangen" wurden auch manchmal die Druiden bezeichnet, was im Kontext damaliger Glaubensvorstellungen durchaus positiv zu verstehen ist. Die Schlange wurde in vielen Naturreligionen als heiliges Tier begriffen, da sie mit ihrem Bauch ganz nah an der Erde weilt und so direkten Kontakt mit dem Land hat. Man kann die Vertreibung der Schlangen durch Patrick also eher als Vertreibung der Druiden verstehen, eine Geschichte von Konkurrenz und Verdrängung.

Andere keltische Mönche standen ihrer heidnischen Vergangenheit weit positiver gegenüber. St. Columba von Iona (zur besseren Unterscheidung von St. Columban von Luxeuil, auch manchmal Columcille genannt) sagte einmal: „Christus ist mein Druide"[14] – eine nachvollziehbare Äußerung, wenn man die Funktion der Druiden als Priester und Heiler bedenkt.

Über St. Columba, der ganz Christ war und immer die ganze Schöpfung im Blick hatte, wird auch erzählt, dass er am Tag seines Todes zuerst sein Pferd segnete, danach den Kornspeicher, alle Tiere im Kloster und seine Mitbrüder, bevor er sich schlafen legte. Mitten in der Nacht stand er wieder auf, ging in die kleine Kirche des Klosters, wo er vor dem Altar niederkniete und sein Leben aushauchte. Ähnlich unerschrocken und bis zuletzt in tiefer Verbindung zum Land und zu den Lebewesen kann man sich wohl auch die letzten Stunden eines Druiden vorstellen.

Insgesamt war der Übergang vom Heidentum zum Christentum in Irland eher von einer langsamen und fast schon natürlich zu nennenden Ablösung geprägt. Einige Druiden betrachteten die christliche Lehre anscheinend als praktische Lebensphilosophie, die man durchaus neben der eigenen Spiritualität wertschätzen konnte, ganz so, wie sie es mit anderen Philosophien auch machten. So wurden einige von ihnen sogar Christen, blieben aber auch Druiden, die jeweiligen religiösen Vorstellungen vermischten und ergänzten sich.[15]

Was die sonstige keltische Bevölkerung angeht, so gibt es bei einigen Historikern die Vermutung, dass das Christentum dieser eine unbewusst herbeigesehnte Alternative aufzeigte: Die keltischen Naturgötter waren eher ambivalent, mal segneten sie die Ernte und das Vieh, dann wieder sorgten sie für Missernten und Krankheiten. Dem christlichen Gott wurde dagegen bedingungslose Liebe und absolute Hinwendung zur Menschheit sowie ein Mindestmaß an festen Grundsätzen nachgesagt. Ja, er hatte sogar seinen eigenen Sohn geschickt, um uns zu unterstützen.

Ich weiß nicht recht, was ich von dieser These halten soll, denn wenn die alten Götter ihrer Natur gemäß so unberechenbar waren wie das Wetter im April (oder in Irland während des ganzen Jahres), so würde das im Umkehrschluss bedeuten, dass sich die Menschen beim christlichen Gott so fühlten, als schiene immer die Sonne. Dass dem nicht so ist, wird wohl jeder Christ im Laufe seines Lebens mitbekommen haben, selbst wenn er vielleicht bislang von Schicksalsschlägen verschont geblieben ist. Und ebenso wären einem keltischen Menschen der Spätantike seine Götter, die so eng mit der Natur verbunden waren, nicht als schrecklich unberechenbar, sondern einfach als *natürlich* vorgekommen. Ich kann dieser These nur bedingt zustimmen, kann mir vorstellen, dass es solche Anteile gegeben hat, denke aber, dass noch mehr hinter diesem Wandel steht. Vielleicht Sicherheit auf der einen Seite, Verlässlichkeit, wenn man so will, und die unbedingte Zusage göttlichen Beistands; dazu aber unter Umständen auch der innere Drang zum Vereinfachen, also die Bewegung von vielen Göttern zu einem Gott und einem damit in mancherlei Hinsicht simpleren Erklärungsmodell; und möglicherweise auch die Hoffnung, dass *ein gemeinsamer Glaube* ebenso die zersplitterte Stammesgesellschaft einigen könnte und somit weniger Konflikte herrschen würden. Sowie letztlich die unwiderlegbare Tatsache, dass die Ideengeschichte schon immer einem Wandel unterworfen war und sich somit Vorstellungen änderten bzw. einander ablösten, weil dieser prozesshafte Wandel (ausgelöst sowohl durch innere Entwicklungen als auch durch äußere Einflüsse) *wirklich allem* inhärent ist und sozusagen von Zeit zu Zeit einfach auftaucht.

Welche inneren Beweggründe genau diesen Übergang zur christlichen Religion begünstigten, werden wir wohl nie zweifelsfrei ergründen können. Fest steht aber, dass es für die Kelten nicht so schwierig war, diesem Wandel zuzustimmen. Da sie viele Dinge aus ihrer alten Religion „nur" umwidmeten und sie weiterhin glauben konnten, ohne Gefahr zu laufen, dann kein „echter" Christ mehr zu sein, verlangte der Wechsel der Religion nicht ein komplettes Umschwenken der eigenen Spiritualität, sondern gewährleistete eine gewisse Kontinuität, mit der sich die meisten wohl durchaus wohlfühlten. Die Tatsache, dass sie ihr Heidentum nicht vollständig aufgaben, sondern es mit anderen Vorzeichen in das Christentum überführten, trug dann dazu bei, dass sich im keltischen Raum ein ganz eigener Sonderweg des Christentums etablieren konnte.

Ein ganz eigener Weg

Mögen deine Schritte dich stets zu dir selbst führen
und dich in deine eigene Weisheit vertrauen lassen.
Mögest du dich begleitet fühlen,
ganz gleich, wohin du dich wendest,
und möge dein Herz dir auch auf rauer See ein guter
Kompass sein.

Ist man in Irland in eher ländlichen Gebieten unterwegs, dann bekommt man schnell ein Gefühl dafür, dass jeder Ire ein absolutes Unikum ist. Hier werden die jeweiligen Eigenarten gepflegt und beim anderen ebenso respektiert, hier ist jede Schrulle eine Auszeichnung und jeder Gedanke an Konformität eine Todsünde.

Als Seán an einem windigen Tag vorschlug, einen Ausflug zu einer vorgelagerten Insel zu unternehmen, trafen wir auf einige typisch skurrile Landiren, aber einer blieb mir besonders lebhaft in Erinnerung: Robert, der Fährmann. Er steuerte die kleine Autofähre, auf die genau zwei Autos passten, zwischen dem Festland und der Insel hin und her und war der fleischgewordene Ausdruck einer Schrulle. Ein riesiger Kerl, mit dunklen Locken und einem ebensolchen Bart, einem üppigen Bauch, roter Nase und gelben Gummistiefeln. So hatte ich mir immer Tom Bombadil vorgestellt. Nur war Tom Bombadil im Gegensatz zu Robert nicht ständig angeduselt.

Als wir mit ihm in der winzigen Steuerkabine standen – wir waren die einzigen Fahrgäste –, hatte ich den Eindruck, schon vom bloßen Einatmen seiner Fahne volltrunken zu werden.

Doch Rob hatte dafür eine gute Erklärung parat: „Trockene Füße und ein guter Whiskey. Das ist das Wichtigste. So wirst du niemals krank."

„Ach ... Und ich dachte, es heißt *An apple a day keeps the doctor away* ..."

Er blinzelte mich an, hatte offenbar ein bisschen Schwierigkeiten, mich zu fokussieren. „Blödsinn", lallte er dann. „Das ist vielleicht in China so, aber doch nicht hier!"

Was immer China damit zu tun hatte, offenbar funktionierte Robs Methode wunderbar. Er sah tatsächlich gesund aus. Natürlich macht man sich ein bisschen Sorgen, wenn der Whiskey-Atem des Fährmannes den Dieselgeruch des Bootes überlagert, aber Rob gehörte wohl zu den Menschen, die erst ab einem gewissen Promillegehalt in den Normalzustand kamen. Vielleicht diente der Alkohol einfach dazu, eine innerliche Gegenbewegung zum Schaukeln auf den Wellen zu erzeugen. Irische Homöopathie sozusagen. Seinen Job machte er auf jeden Fall so gut wie jeder andere, vielleicht sogar besser.

Seán und ich sahen aus dem Fenster auf die graue See und unterhielten uns über dies und das, und kamen kurz auf das Thema Existenzialismus zu sprechen, was wir vorher schon im Auto angerissen hatten. Ich plapperte gerade etwas von Ansich- und Für-sich-Sein daher, als Seán Rob kräftig auf die Schulter schlug und fragte: „Und Rob, was sagst du dazu?"

Rob dachte eine Weile angestrengt nach. Dann, als ich schon dachte, er wäre einfach mit offenen Augen eingeschlafen, sah er uns beide ernst an und meinte: „Ich finde Ideen blöd. Bringen doch nichts!" Das war nun wirklich die kürzeste Abhandlung über die westliche Philosophie- und Theologiegeschichte, die ich je gehört hatte.

Wir lachten immer noch, als das kleine Fährschiff angelegt hatte und wir von Bord gegangen waren. Der Weg führte uns – wie eigentlich immer in Irland – über grüne Hügel, vorbei an schroffen Felsen und dürren Büschen, über Schafsgatter und die Hinterlassenschaften derjenigen, für die diese Gatter gedacht waren, hinauf zu grandiosen Ausblicken über das geheimnisvoll murmelnde Meer.

Wenn Seán und ich uns treffen, dann reden wir wie die sprichwörtlichen Wasserfälle. Wir freuen uns so sehr, uns zu sehen und uns auszutauschen, uns gegenseitig mit Ideen zu befeuern, die Gedanken des anderen aufzugreifen, zu erweitern, in andere Kontexte zu setzen.

Besonders schön finde ich aber, dass wir auch miteinander schweigen können. Und zwar stundenlang.

An diesem Morgen taten wir genau das. Wir gingen spazieren und setzten jeden Schritt auf heiligen Boden, machten uns bewusst, dass das Göttliche, wenn es denn überall war, uns jederzeit umgab und durchdrang. Dass es in jedem kleinen Stein am Wegesrand gegenwärtig war, in jeder Kuh, die uns von den Weiden anmutete, und in jedem Hütehund, der um eine Schafherde herumflitzte und sich den Spaß seines Lebens gönnte.

Eine lange Gehmeditation, bei der wir nicht genau wussten, wohin uns der Weg führen würde, und wir uns von unerwarteter Schönheit hinter jeder Wegbiegung überraschen ließen. Mit jedem Schritt entfaltete sich ein mir noch unbekannter Weg, und mir wurde bewusst, dass ein solches Wandern eine wunderbare Metapher für das Leben ist: Unterwegs in einer Freiheit, die zugleich Geborgenheit und geheimnisvolle Tiefe ist, unterwegs in der Schöpfung, als Leben inmitten von Leben, *unterwegs in Gott*. Mit jedem Schritt lassen wir uns auf dieses Geheimnis ein, lassen uns von dem ergreifen, was ist, vertrauen der Welt, dass sie uns trägt, hoffen vielleicht darauf, dass am Ende alles gut wird, blicken über die See, atmen ein, lächeln unserem eigenen Herzen zu und wissen, dass zumindest in diesem Moment alles gut ist. Wir lassen zu, dass Gott als unergründliche Tiefe unseres Seins zu jedem von uns spricht und sich ebenso durch jeden von uns zum Ausdruck bringt. Auch wenn die Bibel eine wichtige und inspirierende Quelle ist, müssen wir alle selbst unser eigenes Evangelium, unsere eigene frohe Botschaft unserer Beziehung zur Welt und ihrer Quelle schreiben: das Evangelium der Sünder, das Evangelium der betrunkenen Fährmänner, das Evangelium der Zweifler oder das Evangelium der gebrochenen Herzen.

Auch die Kelten hatten ihr eigenes Evangelium geschrieben – ein sehr menschliches Evangelium, das aus einem tiefen Gefühl für die Wunder der Schöpfung, einer großen Hingabe an die Lehren Jesu, einer gehörigen Portion Mitgefühl, gepaart mit Humor, und vor allem aus einer natürlich gewachsenen Kontinuität von heidnischen Gedanken und der Essenz des Christentums gestaltet war.

Das römisch-katholische Christentum war faktisch die klerikale Fortführung des untergegangenen römischen Imperiums mit all seiner Machtstruktur und seiner Bürokratie, hatte aber aufgrund der entlegenen Lage Irlands nicht sonderlich viel Einfluss auf das keltische Christentum. Daher konnte sich hier so etwas wie die Fortführung des sozialen Experiments der frühen Jesus-Bewegung entwickeln: hierarchisch flach, gleichberechtigt, auf das Reich Gottes mitten unter uns fokussiert, anstatt an der Errichtung eines weltlichen Reiches interessiert.

Die Unterschiede der beiden Kirchenströmungen waren frappierend: Während die römisch-katholische Seite ihre auch weltliche Macht mit Prunk und Pomp zelebrierte, war die keltische Kirche dem Armutsgelübde treu und übte sich in Demut, wobei sie alle weltliche Macht ablehnte. Der römische Klerus verstand sich als Herrscher über die Menschen, von denen sie in ihren Predigten von der Kanzel herab Gehorsam verlangten. Die keltischen Priester, Äbte, Äbtissinnen, Mönche und Nonnen verstanden sich als Diener und Hirten, die keine Predigten von der Kanzel herab hielten, sondern Homilien, bei denen sie auf einer Ebene mit den Gläubigen standen, oft im Kreis mit ihrer jeweiligen Gemeinde. Ihre Absicht war es, durch ihr eigenes Beispiel zu lehren – die Menschen sollten vor Gott niederknien und nicht vor ihnen.

Und so gab es auch keine Hierarchie von Patriarchen oder Metropoliten, sondern Christus war ganz allein das Oberhaupt der Kirche. Das Weitertragen der christlichen Idee oblag hauptsächlich den Mönchen und Nonnen, weshalb man durchaus sagen kann, dass das keltische Christentum vornehmlich monastisch geprägt war. Die Klöster schossen sozusagen wie Pilze aus dem Boden und waren bald weit über die Landesgrenzen hinaus als florierende Stätten der Bildung bekannt. Auf das Studium der Bibel, der Schriften der Kirchenväter, aber auch der Schriften heidnischer Philosophen wie Platon und Aristoteles wurde viel Wert gelegt, was zu dieser Zeit in den Festlandklöstern ganz und gar nicht selbstverständlich war. Irland bekam auf dem Festland den Ruf einer „Insel der Heiligen und Gelehrten" und noch Karl der Große lud aus diesem Grund viele irische Mönche an seinen Hof.

Nach und nach hatte sich eine ganz eigene keltische Form

des Christentums entwickelt, die noch einige weitere Besonderheiten bereithielt. Beispielsweise war die Abgabe des Zehnten an die Kirche nahezu unbekannt, während dieses System auf dem Festland bereits fest installiert war und Bischöfen ein einträgliches Einkommen sicherte. In Irland finanzierte sich die Kirche aus freiwilligen Spenden, brauchte aber auch nicht so viele Mittel, da das Armutsgelübde wie gesagt sehr ernst genommen wurde. Darüber hinaus feierten die keltischen Christen das Osterfest an einem anderen Datum, da sie ein anderes Berechnungssystem benutzten, dessen Details ich Ihnen hier aber gern ersparen möchte. Dabei geht es um synodische Monate, den julianischen Kalender, den Metonischen Zyklus und ein paar biblische Überlegungen, die aber allesamt eher dröge sind. Belassen wir es an dieser Stelle einfach dabei, dass die keltischen Christen die Auferstehung an einem anderen Tag feierten als der Rest der Christenheit und ihnen das – im Gegensatz zu Rom – ziemlich egal war.

Ein weiterer Unterschied betraf die Tonsur der Mönche: Die römisch-katholischen Mönche trugen die römische Tonsur, die darin bestand, entweder eine kreisförmige Stelle am oberen Hinterkopf freizurasieren oder aber modisch aufs Ganze zu gehen und insgesamt nur eine schmale Haarkrone rund um den Kopf stehen zu lassen. Auf Bildern von Martin Luther aus seiner Zeit als Augustinermönch kann man diese Haartracht bewundern, die sich über Jahrhunderte als klerikales *Must-have* durchsetzte und erst 1973 von Papst Paul VI. abgeschafft wurde. Schade eigentlich. Die keltischen Mönche kannten noch von den Druiden eine andere Form der Tonsur (transverse Tonsur genannt) und pflegten diese, brachten also auch hier ihr heidnisches Erbe mit dem neuen Glauben in

Einklang. Bei ihnen wurde der vordere Teil des Kopfes von einem Ohr bis zum anderen kahl geschoren, was sicherlich auch sehr gut aussah.

Auch beim Taufritual gab es Unterschiede, denn in Irland wurden die Täuflinge komplett untergetaucht und danach noch mit einer Fußwaschung beglückt. Dafür gab es aber wahrscheinlich keine Salbung, wie es in der römisch-katholischen Kirche bei der Taufe üblich war und nach wie vor ist.

Eine weitere Besonderheit waren die Doppelklöster, die irische Mönche und Nonnen ganz selbstverständlich miteinander gründeten und die sich häufig zu ganzen Siedlungen mit Handwerkern, Bauern, Händlern und deren Familien erweiterten, die als Gemeinde den Glauben ins Zentrum ihres Lebens stellten und Standes- und Geschlechterunterschiede nicht so wichtig nahmen. Weibliches und Männliches wurden als gleichwertig erkannt, was sich auch darin zeigte, dass in den ersten keltisch-christlichen Klöstern oft Frauen Leitungspositionen innehatten und sowohl zölibatär lebende als auch verheiratete Geistliche zuließen.

Ein solches Doppelkloster war auch Kildare, das von St. Brigid, einer der spannendsten Gestalten des keltischen Christentums, gegründet wurde. Sie gibt es in gewisser Weise zwei Mal, und in dieser zweifachen Existenz ist sie einer der schönsten Ausdrücke für die kontinuierliche Weitergabe einer schöpfungsbezogenen Spiritualität, die aus dem Heidentum erwuchs und im keltischen Christentum neu interpretiert aufblühte.

Brigid ist zum einen Göttin, die von den Kelten vorchristlicher Zeit als Schutzpatronin der Dichter und der Schmiede (beide Berufsstände verfügen über „magische" Fertigkeiten) sowie der Gesetzgebung und der Heilkunst verehrt wurde. Sie ist die Tochter des Gottes Dagda, der eine lebenspendende Keule mit sich herumschleppte, die so groß war, dass er sie manchmal auf einem Karren hinter sich herziehen musste, und damit ein fröhliches Abbild des Umstands ist, dass pagane Mythologien nun wirklich nicht mit protzigen Phallussymbolen geizen. Da somit auch Brigid mit dieser „Keule" gemacht war, verfügte sie ebenfalls über die Macht, Fruchtbarkeit zu schenken und sowohl bei der Aussaat und Ernte zu helfen als auch Tiere und Menschen mit Nachwuchs zu beschenken.

Zum anderen gibt es dann noch die heilige Brigida von Kildare, die laut einer Legende auf einer Türschwelle geboren wurde – ein Sinnbild für das Verbinden zweier Welten. Sie war die Tochter eines heidnischen Königs und einer christlichen Piktin, die für ihr großes Mitgefühl berühmt wurde, was ihr Vater allerdings ganz und gar nicht zu schätzen wusste. Wahrscheinlich hat sie ähnlich wie der heilige Franziskus das Vermögen ihres Vaters an die Armen verschenkt, was ja beim unfreiwillig Großzügigen nicht immer Begeisterung hervorruft. Zumindest beschloss Brigida nach einem Streit über ihre Wohltaten in ein Kloster einzutreten.

Eine weitere Legende zeichnet ein anderes Bild ihrer jungen Jahre und berichtet, dass Brigida kurz nach ihrer Geburt in einem Körbchen dem Meer übergeben und dann in Iona an Land gespült wurde (ein fast mosaisches Bild), wo sie bei Druiden in die Lehre ging, ihre Tage hauptsächlich mit Tieren verbrachte, mit Robben schwamm und ihren Geist mit den Möwen verbinden konnte, die über die aufgewühlte See flogen. Bei den Druiden erwarb sie großes Wissen, was sie später dann als christliche Äbtissin zum Wohle aller Wesen einsetzte.

Wir werden wohl nie erfahren, welche Version stimmt, fest

steht nur, dass sie im Jahre 470 das Kloster Kildare gründete und dort bis zu ihrem Tod im Jahr 523 wirkte.

Brigid wird in ihrer doppelten Gestalt und mit ihren noch viel zahlreicheren Bedeutungsebenen seit Tausenden von Jahren im keltischen Bereich verehrt, und manchmal verschwimmen die Grenzen zwischen heidnischer Göttin und christlicher Heiliger so sehr, dass man nicht genau weiß, wer nun in einem Gebet oder einem Segen gemeint ist bzw. angerufen wird.

Brigid ist damit Sinnbild der Verbindung von paganer Verehrung der Natur und keltisch-christlicher Tradition der Nächstenliebe und auch des typisch keltischen Sowohl-als-auch. Als Göttin ist sie der weibliche Aspekt der lebendigen Welt, die mit großer Fürsorge segnet, die Schöpfung bewahrt und alles in der Natur (einschließlich uns Menschen) zu einem Einklang führt. Als christliche Heilige steht sie für die Hinwendung zum Nächsten, für Liebe und Hilfsbereitschaft und verkörpert das eigentliche Wesen der christlichen Religion. In ihr kreuzen sich also zwei Wege, die sich ergänzen, die sich überschneiden, die letztlich zu einem Weg werden, auf dem ein Wanderer seine Wurzeln entdecken und Schritte in das göttliche Geheimnis hinein machen kann. Hier kann er einen Fuß vor den anderen setzen und dabei Liebe und echte Teilhabe an der Welt erfahren. Ebenso kann er sich einer mehrteiligen Versöhnung annähern, die sich auf die verschiedenen und einander widersprechenden Anteile seiner selbst ebenso bezieht wie auf die vermeintlich widerstreitenden Anteile heidnischer und christlicher Weltsicht, die in ihm lebendig sind.

Sowohl die Göttin Brigid als auch die christliche Heilige werden mit einem Mantel assoziiert, unter dessen weich fallenden Falten vieles Platz hat, um dort sicher und geborgen zu sein. Menschen verschiedener Religionen, verschiedener Hautfarben, verschiedener sexueller Orientierungen finden hier ebenso ihren Platz, wie es der Rest der gesamten Schöpfung tut. Gemeinsam versuchen wir, die Flamme des Guten in der Welt am Leben zu erhalten und dieses Licht weithin leuchten zu lassen.

> „Brigid des Mantels, umfange uns,
> Herrin der Lämmer, beschütze uns,
> Bewahrerin des Herdfeuers, entfache uns,
> unter deinem Mantel lass uns versammeln,
> und stelle unsere Erinnerung wieder her.
> Mütter unserer Mutter,
> starke Urmütter,
> weist unseren Händen mit euren die Richtung,
> erinnert uns, wie wir das Herdfeuer entfachen können.
> Um sein Strahlen zu bewahren und die Flamme zu erhalten.
>
> Deine Hände auf unseren,
> unsere Hände in deinen,
> auf dass wir das Licht entzünden
> bei Tag und bei Nacht.
> Brigids Mantel über uns,
> Brigids Andenken in uns,
> Brigids Schutz bewahrt uns vor Leid, vor Unwissenheit,
> vor Herzlosigkeit.
> An diesem Tag und in dieser Nacht,
> vom Sonnenaufgang zum Sonnenuntergang,
> von Sonnenuntergang zum Sonnenaufgang."[16]

Es scheint, als gäbe es in der Überlieferung nicht einen heidnischen und einen christlichen Mantel, sondern *nur einen Mantel der Fürsorge und Liebe*, der sowohl der Göttin als auch der Heiligen zugeordnet wird.

Dieser Mantel spielt übrigens auch bei der Gründung des Klosters Kildare eine wichtige Rolle: Als sich Brigid zum König von Leinster begab, um ein Stück Land zu erbitten, auf dem sie ihr Kloster bauen könne, nahm dieser das junge Ding, das da vor ihm stand, nicht wirklich ernst. Und so sagte er, um vor seinem Hofstaat den Eindruck von Großzügigkeit zu erwecken und gleichzeitig nicht so viel zu riskieren: „Du bekommst von mir so viel Land, wie dein Mantel bedecken kann!" Das hätte ein verdammt kleines Kloster werden können, aber zum Erstaunen des Königs wurde Brigids Mantel wie durch ein Wunder immer größer und größer, bis er ein Stück Land umfasste, das groß genug für ein Kloster war. So geht man mit den Mächtigen um, wenn man vom göttlichen Geist durchdrungen ist!

Auch die *Solas Bhríde*, eine 1807 gegründete, klösterliche Gemeinschaft von Frauen, die sich dem Weg Jesu und der Vision St. Brigids verpflichtet haben, sprechen in vielen ihrer Gebete von der einigenden Kraft des Mantels:

„Heilige Brigid,
du warst eine Frau des Friedens.
Du brachtest Harmonie, wo zuvor Konflikt herrschte.
Du brachtest Licht in die Dunkelheit.
Du brachtest den Niedergeschlagenen Hoffnung.
Möge der Mantel deines Friedens
die Sorgenvollen und Ängstlichen umhüllen,

und möge Frieden tief in unseren Herzen und unserer
Welt verwurzelt sein.
Inspiriere uns, angemessen und gerecht zu handeln
und all das, was Gott gemacht hat, zu ehren.
Brigid, du warst die Stimme der Verwundeten und
Erschöpften.
Stärke, was in uns schwach ist.
Führe uns in eine Ruhe, die heilsam ist und zuhört.
Mögen wir jeden Tag mit Geist, Körper und Seele
in eine größere Ganzheit hineinwachsen."[17]

Wahrscheinlich hat diese Vorstellung des Mantels heidnische Wurzeln, aber dennoch ist sie ebenso zutiefst christlich. Wie gesagt, kann man das bei Brigid nicht immer einwandfrei auseinanderhalten, aber darum geht es ja auch bei Einigkeit oder Einssein. In der Gestalt Brigids wird deutlich, dass im keltisch-christlichen Denken Heidentum und Christentum wie in einem der berühmten keltischen Knotenmuster miteinander verwoben und ineinander verschlungen sind. Man erkennt nicht immer gleich, wo das eine aufhört und das andere beginnt.

So behaupten manche Forscher, dass Brigida von Kildare nur eine christianisierte Form der alten keltischen Göttin sei, die dazu diente, der Bevölkerung den Übergang ins Christentum zu ermöglichen oder zu erleichtern, während es auch ein Gegenlager von Historikern gibt, die meinen, dass die Göttin Brigid nur eine nachträgliche Erfindung sei, die propagiert wurde, um Brigida von Kildare zu diffamieren und St. Patrick so eine Konkurrentin vom Hals zu schaffen.

Für mich gehen diese Diskussionen am Kern des Themas

vorbei, denn sie übersehen die Besonderheit des keltischen Denkens: *das Sowohl-als-auch!*

In diesem non-dualen Geist ist alles miteinander verknüpft, kann alles nebeneinander und auch gleichzeitig existieren – es ist genau wie der Mantel, von dem es spricht. Unter diesem Mantel können Göttin und Heilige eins sein, kann Jesus ein Druide sein, können Christen im Wald beten und Heiden die Schönheit einer Kathedrale bewundern. Die Einheit der Schöpfung und aller Wesen steht im Vordergrund.

Eine Legende über Brigid zeigt ganz deutlich, wie anders sich das keltische Denken gestaltete, wie sehr es sich dem Diktat einer linearen Zeit und der dualistischen Trennung eines Entweder-oder widersetzte. Diese Legende erzählt, wie Brigida von Kildare eines Tages von einer weißen Taube durch einen Eschenhain geführt wurde und sich plötzlich im Heiligen Land wiederfand. Dort half sie als Hebamme bei der Geburt Jesu und benetzte nach der Geburt dessen Stirn mit drei Wassertropfen, um ihn der Erde zu weihen. Sie sang den Kühen ein irisches Lied vor, damit diese Milch gaben und das Jesuskind genährt werden konnte. Dann hüllte sie Mutter und Sohn in ihren blauen Mantel ein, um beide zu behüten.

Die Vorstellung, dass die historische Brigid bei der Geburt Jesu dabei war, scheint für die Kelten kein Problem gewesen zu sein, denn sie sahen die Welt und ihre Wesen nicht als einzelne, voneinander getrennte Teile, sondern als ein Ganzes. Es gibt daher noch viele weitere Geschichten über Brigid, die Raum und Zeit transzendieren, und die dennoch niemandem komisch vorkamen. Zum Beispiel hat Brigid die Soldaten des Herodes abgelenkt, als Maria und Josef mit dem neugeborenen Jesus flohen. Sie glauben das nicht? Ist aber so. Deshalb ist Brigids Feiertag ja auch vor dem Marias, weil die Mutter Jesu das aus Dankbarkeit so wollte.

Brigid scheint insgesamt eine starke und tapfere Persönlichkeit gewesen zu sein, die ihr Handeln stets von Mitgefühl leiten ließ. Einmal verirrte sich ein wilder Eber, gehetzt von Jägern, in ihre Kirche. Ganz selbstverständlich stellte sich Brigid den Männern entgegen und legte ihnen dar, dass der Schutz der Kirche sich nicht nur auf Menschen bezöge, sondern dass jedes Wesen von Gottes Liebe umhüllt sei, woraufhin die Jäger nach einigem Murren wieder abzogen.

Die Etymologie des Namens Brigid verweist auf das gälische Wort *breo-aigit*, das „feuriger Pfeil" meint, und führt darüber hinaus das altirische Wort *brig* an, welches „die Kraft der Kunstfertigkeit" bedeutet und die Konnotationen Macht, Stärke, Lebenskraft, Wert, Tugend und Autorität in sich trägt. Das walisische *bri* wiederum kann man mit „verehrt und angesehen" übersetzen. Und in Brigid begegnet uns (und den unglücklichen Jägern) tatsächlich eine ungeheuer starke Frau, deren Worte und Taten von einer großen Kraft erfüllt sind.

Überhaupt muss man sagen, dass eine so einflussreiche und starke Frau wie Brigida von Kildare in Irland bzw. bei den keltischen Christen keine Seltenheit war. Von Frauen wurde im keltischen Einflussbereich noch nie erwartet, dass sie in der Gemeinde schweigen, sondern ihre Weisheit wurde stets wertgeschätzt. Vielleicht hatten die keltischen Christen auch etwas verstanden, was Jürgen Moltmann in einem Interview auf der *Emergent Village Theological Conversation* 2009 dazu sagte: „Wenn die Frauen immer geschwiegen hätten, dann hätten wir wohl keinerlei Kenntnis über die Auferstehung!"[18] Damit hat er absolut recht! Überhaupt muss man festhalten, dass eine Kultur oder Religion, die Frauen in vielerlei Hinsicht ausschließt, sich selbst der Hälfte ihres Weisheitspotenzials beraubt. Und daran sieht man schon, dass es mit der Weisheit nicht allzu weit her ist.

Brigid als Göttin und Heilige, die beide nicht geschwiegen, sondern all das, was sie bewegte, in die Welt gebracht haben, kann meines Erachtens auch heute ein wertvolles Symbol dafür sein, die Weisheit der Frauen wertzuschätzen und ihre Sicht der Dinge anzuhören und ernst zu nehmen. Sie war keine feministische Theologin in unserem modernen Sinne, kann jedoch sicher als eine Vorläuferin vieler starker Frauen wie Cynthia Bourgeault, Dorothee Sölle, Beatrice Bruteau, Sallie McFague, Joan Chittister und vielen weiteren angesehen werden, die dem Christentum eine notwendige weibliche Nuance hinzugefügt haben und weiterhin hinzufügen, und denen eine Gerechtigkeit, die die ganze Schöpfung umfasst, am Herzen liegt.

Es ist spannend zu sehen, wie manche Themen, die auf den ersten Blick die keltische Göttin und die ihr entsprechende Naturreligion betreffen, auch in der christlichen Heiligen und Äbtissin lebendig geblieben sind. Der Einklang mit der Natur, die Hinwendung zur Schöpfung und zu den Geschöpfen, das Einssein mit allem, was lebt, mit Bergen, dem Meer, den Wäldern, mit den Rhythmen von Sonne und Mond … All dies ist auch für Brigida von Kildare wichtig gewesen und wird heute in der Gemeinschaft der Brigitten, einem Nonnenorden, der sich auf St. Brigida beruft, gepflegt. Es erfüllt mich wirklich mit großer Freude, wenn ich auf der Webseite eines christlichen Ordens Folgendes über die der Gemeinschaft zugrunde liegende Spiritualität lese: „In unserer Zeit sind wir vom Heiligen Geist aufgerufen, ein neues Verständnis der Vernetzung des Lebens und der Heiligkeit alles Geschaffenen zu umarmen. Es ist die Zeit eines sich ausdehnenden Bewusstseins, die uns einlädt, Schöpfer einer hoffnungsvollen Zukunft zu sein, die auf einer angemessenen Beziehung zu der einen heiligen Gemeinschaft des Lebens basiert."[19]

In diesen kurzen Zeilen klingt an, wie die keltischen Christen schon vor langer Zeit die Ehrfurcht vor der Schöpfung aus heidnischen Quellen übernahmen und sie auf heilsame Weise in den Kontext des Christlichen übertrugen. Ein Paradebeispiel dafür, wie man das wahrhaft ganze Universum der keltischen Heiden innerhalb christlich geprägter Strukturen neu denken kann.

In Brigid als nicht zu trennender Verknüpfung aus heidnischer Göttin und christlicher Heiliger zeigt sich eine über die Jahrhunderte gewachsene Verbindung beider Wege, die letztlich dahin führt, uns das Eintreten in eine wirkliche Beziehung zum Göttlichen und zur Natur, zu Schöpfer (Entfaltender) und Schöpfung (Entfaltung) zu ermöglichen.

Je mehr ich mich mit Brigid befasse, desto klarer wird mir, dass es wahrscheinlich völlig gleich ist, wie wir diesen Weg nennen – wichtig ist nur, dass wir am Leben in all seinen Formen teilhaben, uns selbst als Teil der Schöpfung verstehen und uns im großen Ganzen aufgehoben wissen. Auf diese Weise könnten Christen heute die Nächstenliebe auf alle Wesen ausdehnen und sich mit dem Mitgefühl Jesu unserer (noch) grünen Welt zuwenden.

Die Prozesstheologie des Grünen Mannes

Mögen deine Äste weit in den Himmel
Und deine Wurzeln tief in die Erde reichen.
Möge dein Herz immer mehr in die Fülle hineinwachsen,
in der Schönheit dieser Welt ruhen
und sich stets in Gottes Gegenwart fühlen.

Mit Seán im Wald unterwegs zu sein, ist immer ein besonderes Erlebnis, denn er verfügt über einen ganz besonderen Blick für die Wunder der Schöpfung. Darüber hinaus hat er sein Leben so eingerichtet, dass er eine heute leider mehr und mehr in Vergessenheit geratene Tugend pflegen kann: Muße. Wie ein keltisches Sprichwort sagt: „Als Gott die Zeit schuf, machte er genug davon." Ein Satz, den Seán mehr als jeder andere Mensch, den ich kenne, verinnerlicht hat. Mit Seán wandert man daher nicht, sondern man bummelt herum, schaut hier, lässt sich dort nieder, schlendert weiter, verweilt dann wieder an einem anderen lauschigen Plätzchen und lässt alles auf sich wirken. Wenn man sich darauf einlässt, wird man von einer tiefen Ruhe erfüllt und öffnet sich für DAS, WAS IST, während die Energie des Staunens spürbar wird.

Als wir an diesem Morgen unter dem dichten Laubdach einiger alter Buchen saßen, durchbrach Seán unser Schweigen plötzlich: „Wenn du jetzt nach oben schaust, siehst du Gott direkt ins Gesicht!"

Ich legte meinen Kopf in den Nacken und sah das goldene Licht, das zwischen den grünen Blättern aufblitzte, sah die

Bewegung, die der unsichtbare Wind in den Ästen hervorrief, entdeckte ein paar taumelnd herumfliegende Käfer, erkannte das Leben, das wuchs, sich veränderte, mal diese und mal jene Form annahm, das seine Fülle in jedem Moment in meine Seele goss, wenn ich nur aufmerksam schaute und lauschte. Mir gefiel es sehr, auf diese Weise über Gott zu denken und in Seán jemanden gefunden zu haben, der mein Verständnis von Gott ohne Probleme mit dem biblischen Gott verbinden konnte. Ich saß einfach unter einem Baum und konnte das Göttliche wahrnehmen, wohin ich auch blickte.

Ich musste nicht einmal etwas sagen, denn Seán wusste, dass ich ihn verstand. Für ihn ist die gesamte Natur ein *Caol Áit* – ein „dünner Ort", ein Ort, an dem der Vorhang zwischen der Welt und dem Wirken Gottes dünn und nahezu durchsichtig war. Wohin wir auch blicken, geschieht in diesem Moment die Entfaltung des Göttlichen. Oder anders ausgedrückt: ALLES ist eine Theophanie!

Wir saßen eine Weile schweigend zusammen und dann erzählte er mir vom Grünen Mann, einem Archetyp der Erdverbundenheit[20], dessen Antlitz aus Blättern und Ranken gebildet ist und aus dessen Mund immer weiter das Leben wächst.

„Das ist ein wunderbares Bild für das Göttliche", sagte er. „Ein Gott, der aus seiner eigenen Schöpfung besteht, seine Schöpfung gänzlich durchdringt. Und den man dazu auch noch oft an christlichen Kirchen bewundern kann …"

Die Ursprünge des Grünen Mannes liegen wahrscheinlich in einem Göttinnen- und Fruchtbarkeitskult, der im Neolithikum in der Gegend des Donaubeckens entstand. Hier wurde der Grüne Mann als Begleiter und Beschützer, zugleich aber auch als Sohn und Liebhaber der Göttin gedacht. Frühe Skulpturen zeigen ihn eher mit Hörnern oder Schlangen auf dem Kopf – beides uralte Symbole der Fruchtbarkeit. Diese Hörner trägt auch Cernunnos, der keltische Gott der Natur und Hüter der Tiere. Zu diesen männlichen Fruchtbarkeitsgöttern gehört ebenso der griechische Dionysos, dessen bärtige Masken in der Antike oft mit Weinlaub oder Efeu bekränzt waren. Laub und Blätter kamen irgendwann auch bei der Darstellung des Cernunnos hinzu: Auf der Säule von St. Goar im Hunsrück kann man ein Abbild dieses keltischen Gottes finden, dessen Augenbrauen und Bart aus Blättern gebildet sind. Und der berühmte Kessel von Gundestrup, eine aus Silberplatten bestehende Schale, die ebenso wie die Säule von St. Goar aus der keltischen La-Tène-Zeit stammt, zeigt – neben dem weit bekannteren, meditierenden Yogi-Cernunnos, der sich auf der Innenseite des Kessels befindet – eine Darstellung von Cernunnos' Kopf auf der Außenseite des Kessels, bei dem die Haare ebenfalls aus Blättern gebildet sind.

Im Laufe der Zeit entwickelte sich der Grüne Mann kulturell zu einem eigenständigen Vegetationsgott, bei dem man sich in der bildlichen Darstellung nur noch auf Gesicht und Kopf konzentrierte, was in der grundsätzlichen Verehrung des Kopfes bei den Kelten begründet liegt. Der Kopf war für die Kelten Sitz der Inspiration, des Geistes und auch der Weissagung.

An ein paar Kirchen in Irland (z.B. Clonmacnois und Cardonagh) finden sich noch Abbildungen des gehörnten Cernunnos, später und über das gesamte Mittelalter bis zur frühen Neuzeit wird dann nur noch der Grüne Mann dargestellt. Auch im *Book of Kells* finden sich Bilder von Gesichtern, aus deren Mündern Pflanzenranken und Schlangen hervorwachsen, die dann gemeinsam die Anfangsbuchstaben biblischer Texte bilden oder sich um diese herumwinden.

Durch die Reisen keltischer Mönche auf das europäische Festland verbreitete sich auch der Einfluss der keltischen Künstler, sodass man heute noch in vielen Kirchen (und manchen Profanbauten) in Frankreich, Spanien, Deutschland und Italien Grüne Männer entdecken kann.

Übrigens zeigten auch viele Schriften Luthers, die in Wittenberg veröffentlicht wurden, auf dem Titelblatt einen Grünen Mann, zum Beispiel sein Appell an eine Ratsversammlung von 1520. Und das Bild, das Lucas Cranach einige Jahre nach dem berühmten Thesenanschlag von Luther malte, zeigt diesen auf einer Kanzel, die mit einem Grünen Mann verziert ist.

Schaut man einem Grünen Mann in sein Blättergesicht, kann man die Lebenskraft erahnen, die die Bildhauer, Steinmetze und Maler inspirierte. Der Grüne Mann wächst und gedeiht, er ist in stetigem Werden begriffen, verändert sich im Laufe des Jahreskreises, ist an keinem Tag derselbe, der er am Tag zuvor war, ist aber immer ein Ausdruck der Heiligkeit des Lebens und der Schöpfung. Versteht man wie die keltischen Christen Gott sowohl als transzendent als auch der Schöpfung immanent, als in allem gegenwärtig, so ist das Gesicht des Grünen Mannes eine nachvollziehbare Darstellungsmöglichkeit Gottes. Auch wenn wir uns kein Bild machen sollen, verbindet das Gesicht des Grünen Mannes doch auf geniale Weise eine unbestimmte göttliche Kraft, die die fruchtbare Welt auf allen Ebenen durchdringt (Blätter und Ranken), wie auch einen persönlich ansprechbaren Gott (das uns zugewandte Gesicht).

Dabei rückt das Bild eines „unbewegten Bewegers" (Aristoteles) in den Hintergrund, denn Gott als in der Welt anwesend, ist ein kreativer Gott des Wachstums und damit der Veränderung. Sein Werden und das Werden der Natur sind eng miteinander verknüpft. Das Werden und Vergehen und die regelmäßige Wiedergeburt der Natur sind daher Abbild der Qualitäten Gottes, der nicht nur Anteil am Kreislauf des Lebens hat, sondern der vielmehr dieser Kreislauf *ist*, aus dem immer wieder eine *Neuschöpfung seiner selbst als Welt* hervortritt.

Ganz ähnlich versteht die moderne Prozesstheologie – auch wenn es dort meines Wissens keine direkte Bezugnahme auf das keltische Christentum gibt – Gott als ewiges Werden und als sich ständig fortsetzenden Prozess einer Kraft, die sich selbst in die Schöpfung hineingibt, die sich in die Welt hinein entfaltet. Und wie uns die Muße der Naturbeobachtung immer stärker in die Tiefe der Welt zieht, uns immer mehr an Wundern und Geheimnissen vermittelt (sie nicht erklärt, aber sie uns in immer neuer Weise zeigt und uns somit in ehrfürchtiges und heilsames Staunen versetzt), so bedeutet Prozesstheologie ebenso ein immer tieferes Eintauchen in das große Geheimnis, das wir „Gott" nennen und das in ewiger Bewegung ist.

Catherine Keller, eine der kreativsten und wortgewandtesten Theologinnen, die ich kenne, schreibt: „Das Geheimnis ist kein stehendes Gewässer, sondern eine fließende Unendlichkeit. Eine Theologie des Werdens erkennt das Göttliche im und als lebendigen Prozess."[21]

Bräuchte eine solche Theologie des Werdens ein international verstehbares Logo, dann würde ich ein Bild des Grünen Mannes empfehlen, denn in ihm kommt vieles zum Vorschein, was in der Prozesstheologie angesprochen wird, während gleichzeitig auch einiges im Dunkeln bleibt, was nun einmal in der Natur eines allzeit werdenden Geheimnisses liegt.

Der keltische Blick auf die Schöpfung und ihren Schöpfer ist ebenso weit wie die Prozesstheologie von den Vorstellungen eines Uhrmacher-Universums entfernt, das ein ausschließlich transzendenter Gott mit seiner Allmacht herstellt und dann sich selbst überlässt. Eine *creatio ex nihilo*, also eine Schöpfung aus dem Nichts, war sowohl den paganen Kelten als auch den christlichen Kelten unbekannt. Wie die Prozesstheologie sahen sie Schöpfung eher als eine Entfaltung, ein Wachsen aus einem bereits vorhandenen Urstoff – sozusagen aus der Gottmaterie.

Die Welt ist Werden, und Gott ist das Werden in der Welt. Gott lebt sich selbst in seine Schöpfung hinein, seine grenzenlose Potenzialität ist im Wachstum der Pflanzen zu beobachten, bei dem aus einem winzigen Keim ein riesiger Baum wird, oder im Wunder der Reifung eines Embryos und Fötus sowie der nachfolgenden Geburt eines Menschenkindes, bei der aus einem Zellhaufen ein beseeltes, herumkrabbelndes Baby und bald ein zauberhaftes Kleinkind wird.

Apropos Kleinkind: Es gibt ein wunderschönes Foto, auf dem Seán meine jüngste Tochter auf dem Arm hält. Sie war zu dieser Zeit etwa ein halbes Jahr alt, strahlt ihn an und er geht völlig in diesem Strahlen auf. Man erkennt sofort, dass hier nicht der alte Priester der Lehrer ist, sondern vielmehr der Empfangende einer gänzlich aus dem Staunen stammenden Weisheit. Und etwas mehr als vier Jahre später konnte meine Tochter diese Weisheit auch recht überzeugend in Worte fassen, womit sie mich immer wieder überraschte. Ich erinnere mich an viele Gelegenheiten, bei denen sie grandiose Einsichten zum Besten gab, aber vor allem eine Episode passt hier perfekt ins Thema. Wir spielten gerade mit ein paar Playmobilfiguren, die einen Berg heraufkletterten, der aus einer zusammengeknüllten Bettdecke bestand. Ich mühte mich mit meinem Plastikmännchen ab, ächzte vor Anstrengung und stand endlich auf dem „Gipfel", als meine Tochter mit tief verstellter Stimme und einem Pathos, wie ihn wohl nur Fast-Fünfjährige aufbringen können, zu mir sagte: „Hallo, hier spricht Gott!"

Ich war ziemlich baff und fragte mich, wie sie jetzt wohl darauf kam, aber offensichtlich war der Gipfel eines Berges für sie natürlicherweise der Ort, an dem man Gottes Stimme vernehmen konnte. Auf jeden Fall sagte ich bzw. mein Playmobilmännchen: „Oh, das ist ja schön, dass ich dich mal treffe ...", woraufhin sie ganz generös bemerkte: „Du darfst mir Fragen stellen."

So eine Chance sollte man nicht verdaddeln, daher fragte ich dann auch schnell nach einigen Ähs und Hms: „Wie war das denn damals, als du die Erde erschaffen hast?"

Gott gab ein verächtliches Schnauben von sich und bemerkte dann leicht genervt ob meiner Unwissenheit: „Ich habe die Erde nicht erschaffen. Die Erde war schon immer da!"

„Und die Menschen und Tiere?"

„Hat dann die Erde gemacht. Die ist doch die Mama."

Ich hätte gern noch ein paar andere Dinge mit Gott geklärt – wann kommt man schon mal dazu? –, aber da hatte Gott schon anderes im Sinn als meine dummen Fragen und konzentrierte sich ganz auf das Beladen eines Playmobilautos mit einem Nilpferd und einem Ritter.

Aber ich hatte ja auch schon genug zum Nachdenken. Offenbar war für meine Tochter ganz klar, was wir gern in der Genesis überlesen und was sowohl für die keltischen Christen als auch für die Prozesstheologie deutlich zu erkennen war bzw. ist: Die Erde ist gleichberechtigter Schöpfungspartner, indem sie aus sich heraus Pflanzen und Bäume und Tiere hervorbringt und letztlich auch ihren Teil zu uns Menschen beiträgt.

„Dann sprach Gott: Die Erde lasse junges Grün sprießen, Gewächs, das Samen bildet, Fruchtbäume, die nach ihrer Art Früchte tragen mit Samen darin auf der Erde. Und so geschah es. Die Erde brachte junges Grün hervor, Gewächs, das Samen nach seiner Art bildet, und Bäume, die Früchte tragen mit Samen darin nach ihrer Art. (…) Dann sprach Gott: Die Erde bringe Lebewesen aller Art hervor, von Vieh, von Kriechtieren und von Wildtieren der Erde nach ihrer Art. Und so geschah es."[22]

Gott, das Göttliche, die göttliche Kraft gibt den Impuls und die Erde bringt dann die Lebewesen hervor. Gemeinsam sind Erde und Gott fruchtbar. Oder wie es meine Tochter ausgedrückt hätte: Gott ist der Papa und die Erde ist die Mama. Die Erde ist mit Gott in Interaktion, lauscht seinem Ruf nach schöpferischer Vielfalt und antwortet mit unzähligen Variationen von Grün und ebenso vielen Variationen von zweibeinigen, vierbeinigen, sechsbeinigen und achtbeinigen Wesen (und auch solchen ganz ohne Beine), von gefiederten, geschuppten, felltragenden, zirpenden, singenden und röhrenden Wundern.

Wie der Grüne Mann der Kelten ein Vegetation hervorspeiendes Gesicht hat, ein Gesicht, aus dessen Mund das Leben hervorsprießt, so öffnet der Gott der Bibel seinen Mund, um sein lebensspendendes Wort zu sprechen und die Erde aufzufordern, sich seinem Wunsch nach Entfaltung und Wachstum anzuschließen.

„Denn wie der Regen und der Schnee vom Himmel fällt und nicht dorthin zurückkehrt, ohne die Erde zu tränken und sie zum Keimen und Sprossen zu bringen, dass sie dem Sämann Samen gibt und Brot zum Essen, so ist es auch mit dem Wort, das meinen Mund verlässt: Es kehrt nicht leer zu mir zurück, ohne zu bewirken, was ich will, und das zu erreichen, wozu ich es ausgesandt habe."[23]

Auch bei der Erschaffung des Menschen ist, zumindest nach der zweiten in der Bibel zu findenden Schöpfungsgeschichte, die Erde maßgeblich beteiligt: „Da formte Gott, der HERR, den Menschen, Staub vom Erdboden, und blies in seine Nase den Lebensatem. So wurde der Mensch zu einem lebendigen Wesen."[24] Gott nimmt einen Teil der Erde und haucht ihm durch seinen Mund, durch sein Wort und des mit ihm ausströmenden Schöpfungsimpulses, Leben ein.

Ich verstehe diese Geschichte so, dass Gott etwas nimmt, was schon vorhanden war, und es durch seine Kraft grundlegend transformiert. Er hat daher nicht aus dem Nichts heraus Elefanten, Menschen, Pinguine und Borkenkäfer geschaffen. Er hat das Leben an sich hervorgebracht, das Wort, den Samen, die Möglichkeit des Werdens und des Wachstums, die Möglichkeit zur Veränderung und zur Evolution. Er hat in liebender Zusammenarbeit mit der Erde das Leben als fruchtbares Chaos geschaffen, das durch seine ihm innewohnende Freiheit die Möglichkeit eines sich selbst organisierenden Systems erhielt und zu einer fragilen Balance und Ordnung „heranwuchs". Innerhalb dieses Systems der Potenzialität sind dann Elefanten, Menschen, Pinguine und Borkenkäfer entstanden. Diese göttliche Potenzialität bringt sich in jeder Sekunde in diese Welt ein, ist in uns allen gegenwärtig, durchdringt uns und macht unser Leben überhaupt erst möglich. Wie Catherine Keller schreibt, „tropft die Unermesslichkeit des Universums in jeden Augenblick unseres Lebens hinein"[25]. Diese Unermesslichkeit ist in allem, was ist, spürbar und erkennbar, wenn wir nur genau hinschauen, wenn wir uns die Zeit für die Kontemplation unserer Welt nehmen und das Große Geheimnis in unserem Mitmenschen genauso wie in einer Stadttaube am Hauptbahnhof oder der Erde als Ganzem wahrnehmen.

Die Erde ist die Basis der Schöpfung. Aus ihr, die sie das Wort Gottes wie seinen Samen empfängt, bricht das Leben hervor, das wir heute kennen. Hier wird Schöpfung wieder sinnlich und verliert nicht ihren sexuellen Aspekt, wie das bei einer *creatio ex nihilo* der Fall ist. Gott und Erde kooperieren auf wundersame Weise, oder anders ausgedrückt: Ihre Liebe, ihre Leidenschaft füreinander erschafft das Leben in den vielen Formen, die wir bestaunen können. Liebe, Verlockung, das Wort der Verführung, der sexuelle Akt, das neue Leben – so verstanden die heidnischen Kelten die Schöpfung und so erschien es wohl auch ihren christlichen Nachfahren plausibel, die die Bibel nicht so lebensfeindlich auslegten wie viele ihrer römisch-katholischen Zeitgenossen. Daher bezeichne ich das keltische Christentum gern als grüne Religion von der grünen Insel, da es einen tiefen Sinn für das Leben hat und dieses in all seinen Formen wertschätzt. In der Wiederbelebung dieses tiefen Sinnes für die Schöpfung liegt eines der großen Geschenke verborgen, die das keltische Christentum der Welt heute anbieten kann. In einer Zeit, in der wir uns mit den Problemen des Klimawandels, der Naturzerstörung, des Wald- und Artensterbens auseinandersetzen *müssen*, kann die Rückbesinnung auf das keltische Christentum unter Einbezug der neueren Prozesstheologie den Weg eines tatsächlich umfassend liebenden und damit zutiefst umweltbewussten Christentums aufzeigen, das schöpfungszentriert *für alle Geschöpfe gleichermaßen* eintritt. Die Erde zu lieben und zu schützen, ihre Geschöpfe zu lieben und zu schützen, heißt: Gott, der in ihnen allen gegenwärtig ist, zu lieben und zu ehren. Mit dieser Einstellung, die – das möchte ich abermals betonen – *zutiefst christlich* ist, wird das Müllsammeln auf dem Hundespaziergang zu einem wirklichen Gottesdienst und jede zurückgebrachte Pfandflasche zu einem seelenvollen Gebet.

Diese enge Verbindung von Gott und Natur war für die Kelten ganz selbstverständlich. Manche keltischen Mönche sahen die Natur gar als Gottesbeweis an, da sie ganz ähnlich wie die Wüstenväter, mit denen wir uns im nächsten Kapitel befassen werden, überzeugt waren, dass die Existenz Gottes durch die genaue Beobachtung des Werdens seiner Schöpfung bestätigt werden könne. So schrieb zum Beispiel St. Columba (Columcille), der Gründer des berühmten Klosters auf Iona – dort, wo angeblich die heilige Brigida von Druiden ausgebildet worden war: „Verstehe die Schöpfung, wenn du den Schöpfer kennen willst ... Denn diejenigen, die die weite Tiefe zu kennen wünschen, müssen zuerst die Natur überdenken."[26]

Auch in St. Patricks Glaubenserklärung lesen wir von einem Gott, der innerhalb der Natur gedacht wird:

„Unser Gott ist der Gott aller Menschen, der Gott des Himmels und der Erde, der Meere und Flüsse, der Sonne und des Mondes und der Sterne, der hoch ragenden Berge und des tiefen Tals, der Gott über dem Himmel, der Gott im Himmel, der Gott unter dem Himmel. Er hat seine Wohnstatt überall in Himmel und Erde und Meer und in all dem, was darinnen ist. Er inspiriert alles, er regt alles an, er dominiert alles, er erhält alles. Er zündet das Licht der Sonne an; er liefert das Licht des Lichtes; er hat Quellen in das trockene Land gesetzt und Sterne in den Himmel, den größeren Lichtern zu Hilfe."[27]

Bemerkenswert finde ich, dass hier auch der Aspekt des ewigen Werdens auftaucht, denn da alles von St. Patrick im Präsens ausgedrückt wurde, ging er wohl davon aus, dass Gott in jedem Augenblick agiert und seine Schöpferkraft neu aussendet, indem er in allem, was ist, anwesend ist. Diese Vorstellung sehen wir auch in den irischen Hochkreuzen manifestiert, bei denen das eigentliche Kreuz als *coincidentia oppositorum* (als Zusammenfall der scheinbaren Gegensätze von Göttlichem und Weltlichem) und Abbild des göttlichen Geheimnisses von einem Kreis umgeben ist, der das Ganze der Natur symbolisiert. Das Kreuz ist in der Natur geborgen, während seine Enden gleichzeitig über den Kreis der Natur hinausragen – besser kann man einen panentheistischen Glaubensansatz nicht darstellen.

Die Kelten hatten offenbar ein untrügliches Gespür dafür, dass alles in der Natur Ausdruck Gottes und ihnen wohlgesonnen war. Gott ließ ihnen durch die Phänomene der Natur in jeder Situation das Notwendige zukommen, ob es nun Nahrung, Obdach oder auch Trost war:

> „Möge der Mond der Monde
> Durch dichte Wolken hervorkommen
> Und auf mich und alle anderen scheinen,
> Hervorkommend durch dunkle Tränen."[28]

Alle Phänomene der Natur wurden als Emanation des Göttlichen betrachtet, welche zumindest Teile des großen Geheimnisses ins Konkrete, Sichtbare und Ansprechbare brachten.

„Das Auge des großen Gottes,
Das Auge des Gottes der Herrlichkeit,
Das Auge des Königs der Heerscharen,
Das Auge des Königs der Lebenden.

Strahlt auf uns
Zu jeder Zeit und Jahreszeit,
Strahlt auf uns
Sanft und großzügig.

Ehre sei dir,
Du herrliche Sonne,
Ehre sei dir,
Gesicht des Gottes des Lebens."[29]

Gott strahlt auf uns, sanft und großzügig, nachdem er sich in die Sonne hinein entfaltete. Ohne sein Licht wäre das Leben auf der Erde unmöglich. Ohne seine Wärme würde es keine Fruchtbarkeit geben. Doch ist diese Fruchtbarkeit nicht Folge von Gottes Allmacht, seinem patriarchalen Herrschen über den Kosmos, sondern Teil seines von Liebe und Leidenschaft hervorgebrachten Werdens-zum-Kosmos.

Catherine Keller weist in diesem Zusammenhang auf eine interessante Tatsache hin: „Es existiert ... kein biblischer Begriff für ‚Allmacht'. Der Begriff, der diesem noch am nächsten kommt, ist ‚der Allmächtige', und selbst dabei handelt es sich um eine Fehlübersetzung von El Shaddai, ‚Gott des Berges' – die wörtliche Übersetzung aus dem Hebräischen lautet: ‚die Bebrüstete'!"[30]

El Shaddai mag sich ursprünglich also auch auf eine sich

entfaltende Fruchtbarkeit beziehen, auf Ströme lebensspendender Milch, die sich aus den Brüsten Gottes in die Welt ergießen. Eine Vorstellung, die dem Glauben der heidnischen Kelten entsprochen hätte, in dem Landschaften oft mit dem Körper von Göttinnen assoziiert wurden. Im County Kerry gibt es zum Beispiel zwei Hügel, die *An Dá Chich Danann* genannt werden, was so viel wie „Die Brüste von Anu" bedeutet. Auch hier ist die Landschaft, die Erde, etwas Heiliges und Göttliches, ein Ort, an dem Gott in seiner Veränderung durch Wachstum, durch Werden, Vergehen und Neugeburt gesehen und erfahren werden kann.

Wenn wir das, was uns das Große Geheimnis als Funken der Erkenntnis und Ahnungen der Tiefe schenkt, als Werden verstehen, laufen wir nicht Gefahr, Dinge in Stein zu meißeln und damit unsere innersten Fragen und Nöte fälschlicherweise als Antworten auszugeben.

Nicht ohne Grund hat Joseph Campbell sein großes Kompendium über die Mythen der Welt „Die Masken Gottes" genannt. In der Vorstellung, dass Gott im Laufe der Geschichte und im Vorbeiziehen unterschiedlicher Kulturen immer wieder neue Masken trägt, wird das Werden des Göttlichen, die Entwicklung Gottes deutlich.

Dabei geht es nicht darum, dass hier eine aufeinander aufbauende, hierarchisch geordnete Abfolge dargestellt wird, in der ein weniger gutes Gottesbild durch ein vermeintlich besseres abgelöst wird, sondern darum zu zeigen, wie sich das Göttliche in all seinen Aspekten in der Welt offenbart und dabei die jeweiligen Hoffnungen und Ängste der Menschen widerspiegelt.

Auch in der Bibel sehen wir verschiedene Masken des Göttlichen auftauchen. Wenn es den selbsternannten Rechtgläubigen auch lieber wäre, dass Gott immer und ewig derselbe bliebe, zeigt die Bibel doch viele Gesichter Gottes, die sich nach und nach entwickeln. Von den vielen Göttern (Elohim als Plural von eloh) zu dem einen JHWH. Von dem rachsüchtigen Gott des Alten Testaments zu dem väterlichen Freund, den Jesus uns vorzustellen versuchte und den er zärtlich mit „Abba", also Papa ansprach, oder den er sogar „Abwûn" nannte, ein aramäisches Wort mit einer sehr weiten Bedeutungsebene, die von Vater zu Mutter aber auch Kosmos oder Quelle reicht.[31]

Ich gebe zu, dass es unserem heutigen Denken schwerfallen kann, sich Gott zugleich als transzendent und immanent, als göttlicher Vater und „Bebrüstete", als unsichtbare Wirkkraft und als Person, als außerhalb der Schöpfung existierendes Wesen und als Schöpfung selbst, als göttliche Entität und Natur vorzustellen. Doch die Kelten waren als Heiden wie als Christen immer dem mystischen Erleben zugetan, das stets in der Lage ist, eine non-duale Perspektive einzunehmen. Ihnen ging es weniger darum, Gott intellektuell zu *begreifen*, als vielmehr darum, sich von ihm *ergreifen* zu lassen und in diesem Moment des Ergriffen-Werdens vollständig präsent und erfüllt zu sein. Und diese „Präsenz erfährt man als Teilhabe außerhalb des Verstands"[32], wie Richard Rohr schreibt. Das ist kein Anti-Intellektualismus, sondern einfach ein Eingestehen der Tatsache, dass unser unterscheidender Verstand, der nun einmal mit Worten operiert, sich mit Dingen, für die es keine Worte gibt, äußerst schwertut. Der Verstand kann das Geheimnis nicht erfassen und versucht daher, es zu simplifizieren und zu einem bloßen Problem zu machen, zu etwas, das er lösen und daher beherrschen kann. Thomas Moore differenziert auf brillante Weise Problem und Geheimnis, was für uns in diesem

Zusammenhang äußerst erhellend sein kann: „Ein Problem ist eine Herausforderung an unsere Intelligenz und lässt sich lösen; ein Geheimnis dagegen ist eine derart tiefe und subtile Wirklichkeit, dass man seinen Weg in es hinein finden und sein ganzes Leben von ihm verändern lassen muss."[33] Das ist gelebte Mystik. Das ist ein non-dualer Geist, der sich von Gott und Welt und ihrem Einssein ergreifen und verwandeln lässt.

Amairgin Weißknie, ein Milesier, der zu der letzten legendären Einwanderungswelle in Irland zählte, sprach offenbar inspiriert vom Geist der Schöpfung folgende Worte, als er das erste Mal irischen Boden betrat:

> „Ich bin der Wind auf dem Meer,
> ich bin die Welle im Ozean,
> ich bin das Brüllen der See,
> ich bin der Stier der sieben Exile,
> ich bin ein Falke auf der Klippe,
> ich bin eine Träne der Sonne,
> ich bin ein Gang im Labyrinth,
> ich bin ein Eber im Zorn,
> ich bin ein Lachs im Strom,
> ich bin ein See im Tal,
> ich strahle Macht aus
> und bin Geist aller Gaben,
> ich bin ein Grashalm, der auf der Erde vergeht,
> ich bin der schöpferische Gott der Inspiration."[34]

In einem Moment großer Klarheit und göttlicher Inspiration fällt die Grenze des Dualismus und der Unterschied zwischen mir und den anderen, zwischen mir als Subjekt und allen anderen Wesen als bloße Objekte, zwischen mir und der Welt verschwindet. So geht es hier Amairgin und so ging es wohl auch Jesus, als er sagte: „Spalte ein Stück Holz und ich bin da, hebe einen Stein auf und du wirst mich finden."[35]

Überhaupt kann man Jesu Lehre des Königreichs Gottes als non-duales Bewusstsein beschreiben, da es sich dabei letztlich um eine Geistesverfassung handelt, die keine Trennung zwischen Gott und Mensch vornimmt und ebenso die Einheit aller Menschen und anderer Wesen als gleichberechtigte Teile der Schöpfung feiert: „Ich und der Vater sind eins"[36] – und dieser Vater/Mutter/Kosmos-Gott ist gleichzeitig in jedem schlagenden Herzen auf dieser Welt gegenwärtig.

John O'Donohue berichtet von einem sehr schönen gälischen Ausdruck, der genau diese nonduale Weltsicht beschreibt: *fighte fuaighte*, was so viel wie „ineinander verwoben, miteinander verschränkt, einander durchdringend" bedeutet.[37] Schöpfer und Schöpfung sind miteinander am selben Ort, nehmen denselben Raum ein, sind wie die unterschiedlich farbigen Fäden eines großen Wandteppichs, die erst miteinander das ganze Bild ergeben.

So können wir das Göttliche sowohl in der Welt bestaunen als auch eine inwendige Erfahrung mit ihm machen. Beide Möglichkeiten können uns eine heilsame Ehrfurcht vor dem Heiligen schenken, die als Wegweiser und Richtschnur für ein gelingendes Leben dienen kann.

Irischer Dauerregen und die Weisen aus der Wüste

Mögest du im Flüstern des Windes,
im Raunen der See und im Ruf der Wildgänse
eine leise Stimme vernehmen,
die dir von einer Sehnsucht
nach Gleichheit und Gerechtigkeit erzählt,
von einem großen Kreis, in den du gestellt bist.

In Irland gibt es eine Menge seltsamer Dinge. Und damit meine ich nicht nur die gälischen Straßenschilder, die Sperrstunde der Pubs oder die Tatsache, dass eine mickrige Pizza Margherita hier oft vierzehn Euro kostet. Es gibt auch Gemeinde- bzw. Klosternamen, bei denen man sich erstaunt am Kopf kratzt. Wer durch das County Clare fährt, wird beispielsweise auf die Gemeinde *Dysert and Ruan* stoßen, während es im County Laois sowohl das Kloster *Dysart Gallen* als auch die Gemeinde *Dysartenos* gibt und man im County Waterford das Kloster *Disert-nairbre* finden kann. Dabei ist *dysert*, *dysart* oder *disert* ein altes gälisches Wort für Wüste, was schon mehr als verwundert, wenn man sich in einem Land befindet, das von sich selbst oft genug behauptet, über vier ganz besondere Jahreszeiten zu verfügen: sanfter Regen, starker Regen, furchtbarer Regen und waagerechter Regen. Dazu kommen noch die typischen Insel-Tage, an denen man vier Festlands-Jahreszeiten an einem Tag erlebt.

Die Erklärung der irischen Wüstenorte ist aber denkbar einfach: Diese Orts-, Gemeinde- und Klosternamen gehen allesamt auf die Verehrung der keltischen Christen für die Wüstenväter zurück, jene Eremiten und Koinobiten, die ab dem späten 3. Jahrhundert in den Wüsten Palästinas, Syriens und Ägyptens ein Leben des Rückzugs und der Einkehr, der einfachen Arbeit und des Gebets führten.

„Weit weg von Irland ..." werden Sie zu Recht denken, doch die Spätantike hatte schon ihre eigene Form der Globalisierung: Handelswege und Pilgerrouten, die Informationen aus dem Orient über Spanien und Gallien nach Irland transportierten gab es ebenso, wie ganz direkte Kontakte. So wie irische Mönche nach Ägypten und ins Heilige Land zogen, um das biblische Geschehen noch stärker verinnerlichen zu können, so zogen auch ägyptische Mönche nach Irland. In den Aufzeichnungen, die der irische Mönch Óengus mac Óengobann im 9. Jahrhundert über die Geschichte der Heiligen in Irland verfasste, sind sieben ägyptische Mönche erwähnt, die vor langer Zeit (also vermutlich weit vor dem 9. Jahrhundert) nach Irland übersiedelten und sich an einem Ort namens *Disert Vlidh* niederließen. Der Austausch war also offenbar vorhanden.

Doch zurück zu den eigentlichen Wüstenvätern (ob es auch Wüstenmütter gab, ist historisch nicht ganz klar) und ihren Ursprüngen: Alles begann mit ägyptischen Christen, die vor der religiösen Verfolgung in ihrem Land flohen und sich in unzugänglichen Gebieten niederließen, um ein radikal christliches Leben zu führen. Später kamen dann diejenigen hinzu, die nach der konstantinischen Wende weiterhin davon überzeugt waren, dass es keinen christlichen Staat geben könne, und die daher zum Wesentlichen des Christentums, zur Verkündigung des Reichs Gottes als *Hier und Jetzt* von Liebe und Gerechtigkeit, zurückkehren wollten. Die Tatsache, dass sich das christliche Kreuz als Zeichen der Solidarität mit den Entrechteten und des Sieges der Liebe über den Hass zu einem Zeichen der staatlichen Macht und Unterdrückung wandelte, kam ihnen (zu Recht, wie ich finde) befremdlich vor.

Der Lebensstil der Wüstenväter beeindruckte viele Menschen, die sich zu den Glaubensrebellen in die Wüsten begaben, um Weisheit und Rat zu finden. Schauen wir uns vielleicht an, wie Ephräm der Syrer, ein Zeitgenosse und Bewunderer der Wüstenväter, diese Eremiten beschreibt:

> „Kommt und schauet sie an: Sie leben in Gräbern wie Tote.
> Schaut ihre nackten Leiber, bedeckt nur mit eigenem Haar.
> Schaut sie des Nachts auf Steine gebettet.
> Trifft sie ein Räuber, wirft vor Ehrfurcht er sich in den Staub.
> Wilde Tiere ergreifen vor Wunder, vor Staunen die Flucht.
> Bloßen Fußes zertreten sie Schlangen jeglicher Brut.
> Höhlen sind ihre Wohnung, als wären es schöne Gemächer.
> Berge sind ihre Mauern, Felsen sind ihre Burg.
> Ihr Tisch steht immer bereit mit Wurzeln der Erde,
> Ihre Tafel ist immer mit Kräutern der Wildnis gedeckt.
> So ziehn sie wie wilde Tiere von Wüste zu Wüste,
> Wie Hirsche schweifend von Weide zu Weide.
> Wie Vögel so ziehn sie über die Berge hinweg."[38]

Von Zeit zu Zeit braucht es Menschen, die sich gesellschaftlichen Konventionen entziehen und ein alternatives Lebensmodell wählen. Auch wenn dieses Lebensmodell vielleicht nicht für alle praktikabel ist, so zeigt es dennoch exemplarisch die Möglichkeit einer anderen Geisteshaltung und eines anderen Tuns in der Welt auf. Wie die Jünger und Jüngerinnen Jesu sich auf ihre direkte Erfahrung im Umfeld des Wanderpredigers aus Galiläa verließen, legten auch die Wüstenväter ihr Augenmerk auf das, was sie tatsächlich innerlich transformierte. Ihnen ging es weniger um das Erlernen von niedergeschriebenen Fakten als um das eigene Erfahren des sich in jedem Augenblick offenbarenden Geheimnisses Gottes.

In zweierlei Hinsicht lebten sie also eine Spiritualität „von unten": Zuerst einmal ging es den Wüstenvätern darum, aus sich selbst heraus das Göttliche zu erkennen, statt es „von oben" gepredigt zu bekommen. Dazu kommt noch der anarchistische Ansatz, der sich gegen die staatliche Vereinnahmung der Religion inklusive des damit verbundenen und „himmlisch" gerechtfertigten Machtanspruchs wendet, sich eher um die Inklusion aller Menschen bemüht und dabei nicht die *anawim*[39], die Verletzlichen, die ökonomisch unterdrückten und an den Rand gedrängten Menschen vergisst. Die späteren Wüstenväter entfernten sich daher aus einer Gesellschaft, die angeblich christlich war, weil sie erkannt hatten, dass das machtorientierte Zusammenwirken von Staat und Religion unweigerlich zu hierarchischen Strukturen und dogmatischen Auswüchsen führen würde. Wahrscheinlich wurden auch schon prä-christliche Religionen dazu missbraucht, einen ungerechten Status quo zu rechtfertigen – und diese Gefahr war den Wüstenvätern zu Recht als Bedrohung der christlichen Idee erschienen.

Der Rückzug in die Wüste, in ein wildes Gebiet, in dem der Mensch auf sich selbst zurückgeworfen ist, war daher äußerer Ausdruck einer inneren Einkehr und einer Neuausrichtung auf die transformierende Essenz des Christentums.

Ebenso wie später den keltischen Christen waren den Wüstenvätern Armut, Demut und das persönliche Beispiel wertvoll, während sie Prunk, Macht und die Forderung nach Gehorsam ablehnten.

Worauf es ankam, war ein tätiges Mitgefühl, das die Lehren Christi in aktive Handlung übersetzte und nicht nur reines Lippenbekenntnis blieb. Abbas Pastor sagte dazu: „Hast du einen Schrank voller Kleider und lässt sie eine lange Zeit dort, dann werden sie verrotten. Dasselbe gilt für die Gedanken in unserem Herzen. Setzt du sie nicht durch körperliches Handeln in die Tat um, dann verderben sie nach einiger Zeit und werden schlecht."[40]

Die Wüstenväter vertrauten darauf, dass der Mensch die Kraft habe, wahrhaft christlich zu leben und dem Beispiel Jesu zu folgen, anstatt in alten Mustern des Egos gefangen zu bleiben. Abbas Pambo sagte: „Wenn du ein Herz hast, kannst du gerettet werden."[41] Daher waren die Wüstenväter große Freunde der Askese – ein Wort, das moderne Menschen meist zurückschrecken lässt, weil sie es mit Selbstkasteiung und Quälerei assoziieren. Doch das griechische Wort *askeín*, aus dem sich unser Wort Askese ableitet, bedeutet einfach nur *üben*. Die Menschen, die damals in den Wüsten ein neues Christentum suchten, wollten sich in Einfachheit üben, in Geduld und Demut, in Selbstbetrachtung, in Offenheit und innerer Stille. Sie beteten, meditierten, verrichteten einfache Arbeiten, die ihnen ein bescheidenes Auskommen sicherten, und versuchten stets bereit zu sein, sich vom Göttlichen ergreifen zu lassen und es in allem zu erkennen, was ihnen begegnete. Auch wenn man nur ein klein wenig Einblick in die keltische Mentalität hat, kann man sofort erkennen, warum die Wüstenväter den keltischen Christen sofort wie Brüder im Geiste erschienen sein müssen.

Gleichzeitig waren die Wüstenväter aber auch gute Psychologen, scherten nicht alle Menschen über einen Kamm, sondern sahen in der Einzigartigkeit eines jeden Individuums eine ganz besondere Gabe, die der Welt geschenkt werden durfte: „Nicht alle Werke sind gleich. Denn in der Heiligen Schrift steht: ‚Abraham war gastfreundlich, und Gott war mit ihm; Elias liebte das einsame Gebet, und Gott war mit ihm; David war demütig, und Gott war mit ihm.' Siehst du also, wonach deine Seele gottgemäß verlangt, dann tue es, und dein Herz wird sich in Sicherheit befinden."[42]

Hier kommt die Überzeugung zum Ausdruck, dass jeder Mensch seinen ganz eigenen Zugang zum Göttlichen finden muss. (Puh ... Glück gehabt!) Es gibt nicht *den einen Weg*, der für alle richtig ist, sondern wir alle müssen eine ganz individuelle Beziehung zu Gott aufbauen und diese auf unsere eigene Weise pflegen.

Diese Fokussierung auf die eigene Weise und die Spiritualität „von unten" im Sinne einer Erforschung des Göttlichen in und durch sich selbst, wird auch im berühmten Rat des Altvaters Mose deutlich. Als ihn ein Bruder bat, ihm seine Weisheit zu schenken, sagte er: „Geh in dein Kellion und setze dich nieder, und das Kellion wird dich alles lehren."[43] Das Kellion war die Behausung des Mönches in der Wüste, hierhin zog er sich zurück, um über Gott zu kontemplieren und sich selbst zu begegnen. Evagrius Ponticus, einer der bekanntesten Wüstenväter, schrieb zu dieser Kontemplation Zeilen, die an einen Zen-Lehrer erinnern: „Wache darüber, dass du dich während deines Gebets an keine Vorstellungen hängst, sondern in tiefer Stille verharrst."[44]

Das Zurückgeworfensein auf sich selbst, das Aushalten der Einsamkeit, das Verharren im Horchen auf Gottes Wort, das im eigenen Herzen ertönt – so sah die grundlegende Praxis der Wüstenväter aus.

Da sie immer bereit waren, andere Menschen auf ihrem Weg zu innerer Stärke und einem Leben aus der eigenen Mitte praktisch zu unterstützen, wurden die Wüstenväter zu echten Lebenshilfe-Ratgebern in Catweazle-Gestalt. Manche von ihnen wanderten in der Wüste umher, wie auch Ephräm der Syrer es beschreibt, und orientierten sich in ihrer Heimatlosigkeit am Beispiel Jesu, dessen Worte „Der Menschensohn aber hat keinen Ort, wo er sein Haupt hinlegen kann"[45] sie zur *peregrinatio pro Dei amore,* dem Wandern um der Liebe Gottes willen inspirierte. Auch dies war etwas, das später die keltischen Mönche begeisterte und sie ebenfalls auf Reisen schickte.

Wichtig war für die Wüstenväter darüber hinaus ein gesundes Gleichgewicht zwischen Ruhe und Anstrengung, zwischen Muße und Arbeit, zwischen Kontemplation und Aktion. Sie waren sozusagen die Erfinder der Work-Life-Balance, nannten es aber *ora et labora*, eine Maxime, die später auch den Benediktiner-Orden prägen sollte, obwohl diese Worte so nicht in der *Regula Benedicti* vorkommen. Auch dieser psychologisch wohldurchdachte und praktisch umsetzbare Rat der Wüstenväter stieß bei den Kelten auf offene Ohren. St. Columba (Columcille) schrieb irgendwann in einem stillen Moment ein Gedicht, das genau dieses Gleichgewicht aus *ora et labora* im Sinn hat:

„Dass ich preisen möge den Herrn
Der alles ordnet:
Den Himmel mit seinen unzählig strahlenden
    Formationen,
Land, Strand und Flut,
Dass ich suchen möge in allen Büchern,
Was meiner Seele helfen würde;
Mal vor dem Himmel meines Herzens knien,
Mal Psalmen singen;
Mal über den König des Himmels nachsinnen,
Oberhaupt der Heiligen;
Mal bei der Arbeit ohne Zwang
Das wäre erfreulich.

Mal vom Gestein den Seetang pflücken,
Ein anderes Mal fischen
Mal das Essen an die Armen austeilen
Mal in einer Einsiedelei."[46]

Besonders muss die Kelten aber eine Haltung der Wüstenväter angesprochen haben, die ihrer eigenen tiefen Verbindung zur Natur entgegenkam. Als Abbas Antonius von einem gebildeten Philosophen ein klein wenig spöttisch bemitleidet wurde, weil er ja noch nicht einmal Trost in Büchern finden könne (die Hütten oder Erdhöhlen der Wüstenväter verfügten wohl nicht über umfangreiche Bibliotheken), schaute dieser sich um und sagte: „Mein Buch ist die Natur der geschaffenen Dinge, und dieses Buch liegt immer vor mir, wenn ich mich in Gottes Wort vertiefen möchte."[47]

Wie etwas später die keltischen Christen, waren auch die

Wüstenväter in der Lage, in allem, was ist, das Göttliche zu erkennen. Die Elemente, die Steine, Pflanzen und Tiere, der Wind und der Wüstensand, die kostbaren Tropfen des herbeigesehnten Regens und der Fremde, der zu Besuch kam, waren allesamt Offenbarungen der Schöpferkraft Gottes. Alles Geschaffene reflektierte auf seine je eigene Art die nährende Liebe des göttlichen Urgrundes und gab diese weiter.

Biblische Entsprechungen zu dieser Sichtweise gibt es zuhauf: Als Mose beispielsweise den brennenden Dornbusch sieht, aus dem Gott zu ihm spricht, möchte er mehr wissen und näher herangehen. Doch bevor er das tun kann, sagt Gott zu ihm: „Leg deine Schuhe ab; denn der Ort, wo du stehst, ist heiliger Boden."[48] Was das Göttliche hier einfordert, ist Ehrfurcht, ein Anerkennen des grundsätzlich Heiligen, das in diesem Moment waltet. Von dieser Ehrfurcht waren die Wüstenväter erfüllt, während die keltischen Christen diese ohnehin schon mit der Muttermilch aufgesogen hatten und sich durch das Beispiel der Altväter bestätigt sahen. Der brennende Dornbusch ist eine Offenbarung. Dabei geht es aber nicht darum, zu zeigen, dass etwas wider die Natur geschieht, in diesem Fall also der Dornbusch brennt, aber nicht verbrennt. Vielmehr geht es darum, dass in den ganz normalen, alltäglichen Dingen die Offenbarung sichtbar werden kann, wenn unser Geist bereit ist und wenn wir von einem natürlichen Respekt erfüllt sind, von einer Liebe zur Welt, die sie dazu bringt, sich in ihrer ganzen Tiefe zu zeigen. Niemand findet Dornbüsche sonderlich anziehend, aber Gott ist auch in diesen stacheligen Dingern und nutzt die ungeliebten Pflanzen als Stätte seiner Offenbarung.

Für die Kelten brannte jeder einzelne Busch und jeder Ginster, jede Fuchsie und jeder Wasserschierling. Jeder Weißdorn und jedes Wollgras erzählten vom Göttlichen. Jeden Schritt, den ein Kelte machte, setzte er auf heiligen Boden, denn außer der Heiligkeit Gottes gab es nichts. Wie Abbas Antonius fühlten sie sich von der Nähe zur Natur zu einer großen Nähe zu Gott geführt und umgekehrt. Die Bibel, vor allem die Psalmen, die die keltischen Christen so liebten, in Verbindung mit der praktischen und wahrhaft liebevollen Herangehensweise der Wüstenväter, führte dazu, dass die keltischen Christen ihr eigenes naturverehrendes Erbe heidnischer Zeiten in gewissem Sinne „vollendeten" und in die neue Ära der monotheistischen Religion retteten. Ein besonders schönes Detail, das aus dieser einzigartigen Geisteshaltung hervorgegangen ist, ist das Verhältnis zum Tier, zum Mitgeschöpf. Im keltischen Denken, auch noch im christlichen, nimmt der Mensch keine Sonderstellung ein, sieht sich nicht als „Krone der Schöpfung", sondern als Teil einer durch und durch beseelten Welt. Die Idee, dass Tiere keine Seele haben, wäre einem keltischen Mönch niemals gekommen, denn wie sollte ein Wesen ohne Seele auch leben und umherlaufen können? Da alles, was lebt, von Gott beseelt, durch sein Wort ins Leben gerufen und mit Lebensodem versehen wurde, haben natürlich auch alle nicht-menschlichen Wesen eine Seele und oft sogar ein gewisses Verständnis für den christlichen Glauben.

In vielen Geschichten, die aus der Blütezeit des keltischen Christentums überliefert sind, zeigt sich daher eine wunderbare Nähe zur Natur, die im christlichen Rahmen in dieser Form erst wieder bei Franz von Assisi auftaucht. So halfen Tiere dem heiligen Ciarán von Clonmacnoise beim Bau seiner Kirche und seines Klosters. Man kann sich eine wunderbare Vorstellung von Bibern machen, die Bäume fällen, sowie Bären, die

die Stämme heranschaffen, während Schwalben die aufeinandergestapelten Holzbohlen mit ihrem Speichel abdichten und verkleben. Und das alles zur Ehre Christi.

Eine andere Geschichte dreht sich um Colman von Lindisfarne, der eine Zeit lang als Einsiedler in der wilden Gegend des Burren in Westirland lebte. Dort hatte er sich in einer Felsspalte eingerichtet und sich mit einer Maus angefreundet, die ihn immer brav an die Gebetszeiten erinnerte und ihn auch nachts dafür weckte.

St. Columba (Columcille) von Iona baute seine Klöster so, dass sie von einem Eichenhain umgeben waren, eine Ehrerbietung vor der Schöpfung und eine Reminiszenz an die alten Druiden. Ebenso hielt es wohl Brigid, deren Kloster *Kildare* übersetzt so viel wie „Kirche der Eichen" bedeutet. Und der heilige Patrick erlebte seine Bekehrung zum christlichen Glauben beim Schafehüten. Wer weiß, welcher wollige Kumpel ihm da etwas zugeflüstert hat? Hirten waren ja bekanntlich schon immer recht hellhörig, wenn es um das Wort Gottes ging.

Eine weitere, wunderschöne Geschichte wird über den heiligen Brendan erzählt. Auf seiner Pilgerfahrt über das Meer, die angeblich sieben Jahre dauerte, feierte er mit seinen Mitbrüdern das Osterfest auf einer Insel, die sich alsbald als recht gastfreundlicher Wal entpuppte. Dieses Tier tauchte drei Jahre lang immer wieder zum Osterfest in der Nähe von Brendans Boot auf, sodass er und seine Begleiter stets ein wirkliches Osterwunder erleben konnten.

Auch vom heiligen Kevin, dem Gründer von Glendalough, gibt es mehrere Episoden zu berichten, in denen ein Tier auftaucht und eine wichtige Rolle spielt. Kevin betete zum Beispiel die Kreuz-Vigilien, bei denen man aufrecht mit kreuzförmig ausgebreiteten Armen stand, so inbrünstig, dass eine Amsel Zeit hatte, ihr Nest in seiner Hand zu bauen. Er blieb einfach so stehen, bis die Jungen flügge geworden waren. Bei einer anderen Gelegenheit fiel ihm während des Gebets sein Psalter in einen See. Ein sehr freundlicher Otter brachte ihm sein Buch zurück, ohne dass auch nur ein Buchstabe verwischt war.

Es gibt unzählige Geschichten dieser Art, deren faktische Genauigkeit wir vielleicht bezweifeln mögen, deren transformierender Wahrheit wir uns aber nicht entziehen sollten. Ein solches von zärtlicher Nähe und Fürsorge bestimmtes Verhältnis zur Natur, wie es die keltischen Christen hatten, täte unserer heutigen Welt sicher gut.

Im 10. Jahrhundert hat ein irischer Mönch die sogenannte „Marbham's Hymn of Content" verfasst, ein Text, der noch einmal Zeugnis ablegt für die große Naturverbundenheit des keltischen Christentums. Er schildert darin sein Leben, vor allem aber seine Freude an der Schöpfung auf eine Art und Weise, die wir heute vielleicht mit dem Gattungsbegriff *nature writing* bezeichnen würden:

„Ich habe eine Hütte im Wald, nur mein Gott allein hat sie gesehen; eine Esche auf dieser Seite, eine Haselnuss auf der anderen, ein großer Baum auf einem Hügel schließen sie ein … Eine versteckte, bescheidene Hütte, in dem von Pfaden durchzogenen Wald … Im Sommer mit seiner ganzen Fülle, mit wohlriechenden Düften, da gibt es Erdkastanien, wilden Majoran, die Kresse im Bach – grüne Reinheit! … Schwärme von Ringeltauben mit heller Brust … die Weise der Drossel, süß und vertraut, gleich über meinem Haus … Schwärme von Bienen, Käfern, leise Musik der Welt, ein sanftes Summen …

Ein flinker Sänger, der kampfbereite braune Zaunkönig vom Ast der Hasel ... Helle, weiße Vögel kommen, Kraniche, Möwen, das Meer singt für sie ..."[49]

Die Achtsamkeit, die Einfachheit und die heilsame Mischung von *eros* und *agape*, die in diesem Text hindurchschimmern, kann uns auf vielleicht noch nie gehörte Weise vermitteln, was es heißt, Gott zu lieben und zu ehren. Die Welt wirklich an sich heranzulassen, sich von der Schönheit der Schöpfung den Atem rauben zu lassen, sich als Teil des großen Kreislaufs des Lebens zu empfinden und den eigenen Geist beim Anblick der Natur mit dem Geist Gottes zu verbinden, der diese Schöpfung in jedem Augenblick als *sehr gut* betrachtet, kann dazu führen, dass unser Herz sich weitet und wir eine neue, göttlich inspirierte Lebendigkeit erfahren.

Das Beispiel der keltischen Christen sowie der Wüstenväter kann uns dabei eine große Hilfe sein, denn Dorothee Sölle hat absolut recht, wenn sie sagt: „Die großen Heiligen [haben] das Feuer der Ekstase lebendig gehalten und unser Vermögen, Gott in der Schöpfung zu loben, als Teilhabe an der Ekstase des Lebens verstanden."[50]

Teilhabe am Leben meint in diesem Sinne auch das Bewusstsein dafür, dass wir diese Welt nicht besitzen, erst recht nicht alleine besitzen. Teilhabe beinhaltet auch *teilen*. Und die tiefste Dankbarkeit für ein Geschenk drückt sich darin aus, dieses Geschenk auch anderen zugänglich zu machen, es weiterzureichen. Auch bei den schon christlich gewordenen Kelten war es üblich, beim Melken der Kühe die ersten Milchspritzer aus dem Euter als Dankesgabe auf die Erde tropfen zu lassen. Man war sich bewusst, dass alles aus der Erde, aus Gottes Schöpfung kam und dass man etwas zurückgeben musste. Zudem war es in Irland lange Zeit üblich, dass nur ganze Familien Grundbesitz haben konnten, niemals ein einzelner Mensch. Immer stand die Gemeinschaft im Vordergrund, die Familie, der Clan, nie nur eine Einzelperson. Petr Chelčický, ein tschechischer Laientheologe und Reformator des 15. Jahrhunderts, wies darauf hin, dass der erste Mensch, der Land für sich selbst absteckte, Kain war.[51] Offenbar begann mit Kain die Angst, nicht genug zu bekommen, womit er der Ahnherr aller Grundstückspekulanten und Großaktionäre wurde. So fing eine traurige Geschichte an, die sich bis heute fortsetzt.

Das keltische und keltisch-christliche Denken ist anders, steht der Natur auf ganz andere Weise gegenüber – oder noch besser gesagt, es steht der Natur gar nicht *gegenüber*, sondern ist vielmehr ganz bewusst ein Teil der Schöpfung, ist nicht getrennt, sondern grundsätzlich und auf tiefster Ebene verbunden. Und damit befindet sich das keltisch-christliche Denken in guter biblischer Tradition, wofür man überall deutliche Belege findet: An der Wand des Zimmers, in dem ich meine Bücher schreibe, hängt beispielsweise ein wundervoller Druck aus dem *Book of Kells*. Diese unglaublich reichhaltig illustrierte Schrift wurde wahrscheinlich um 800 herum auf Iona angefertigt und irgendwann aufgrund der dortigen Wikingerüberfälle nach Irland in Sicherheit gebracht. Heute liegt dieses unvergleichliche Werk im Trinity College in Dublin.

Die besagte Seite, die in meinem Zimmer hängt und sozusagen über mein schreiberisches Tun wacht, zeigt eine Szene aus der Offenbarung des Johannes, in der vier Engel abgebildet sind, die, wie Johannes beschreibt, um Gottes Thron versammelt sind. Diese Engel sind aber ganz anders, als wir uns heute vielleicht Engel vorstellen. Es sind keine Lichtwesen, die lieblich lächeln und bei denen man jede Sekunde damit rechnet, dass sie ein weiteres Buch mit Kalendersprüchen an arglose Channelmedien weitergeben; ebenso sind es keine adipösen Barockputten, die auf Wolken sitzen und an güldenen Harfen zupfen. Vielmehr sind es drei Tiere – ein Löwe, ein Stier und ein Adler – sowie ein Mensch, die jeweils mit Flügeln und Heiligenschein abgebildet sind, wobei Adler und Löwe auch einen recht wehrhaften Eindruck machen. Was ich an dieser Darstellung so schön finde, ist die Idee dahinter: Diejenigen, die Gott am nächsten stehen, sind nicht nur menschenähnliche Wesen, sondern auch tiergleiche Engel, die voller Kraft und voller lebendiger Buntheit aufrecht an Gottes Seite sind. Hier wird für mich bildhaft der Wert deutlich, den das keltisch geprägte Christentum der gesamten Schöpfung – nicht nur dem menschlichen Anteil – beimaß.

Seán hat mich bislang bei all unseren Begegnungen an diese besondere keltische Wertschätzung der Schöpfung gegenüber erinnert. Einmal war er bei uns zu Hause und hielt ein Seminar mit dem schönen Titel „Great Green Spirit", bei dem er am Abend eine Eucharistiefeier eingeplant hatte. Als er seine Gebete sprach, uns alle an die grundlegende Achtsamkeit, das Staunen über etwas so Alltägliches wie Brot erinnerte und dieses dann brach, sprang plötzlich unsere mittlerweile verstorbene Hündin Lilly in die andächtige Szenerie. Man muss vielleicht erwähnen, dass Lilly eine mehr als bezaubernde spanische Husky-Staffordshire-Bulldozer-Hündin war, die aufgrund ihrer eher traumatischen Vergangenheit stets Angst hatte, einen schrecklichen Hungertod zu sterben, und daher immer ohne Rücksicht auf Fingerkuppen nach jedem Futtermolekül schnappte. Jedenfalls hüpfte sie ganz aufgeregt um Seán herum, winselte erbärmlich und ließ ihr Maul lautstark auf- und zuklappen. „Hat jemand etwas dagegen, wenn Lilly als Erste die Kommunion erhält?", fragte Seán die Teilnehmer und freute sich wie ein Schneekönig. (So viel Begeisterung für das Abendmahl erlebt man als Priester ja auch nicht allzu häufig!) Zu uns verirrt sich wohl niemand, der etwas dagegen gehabt hätte, und so erhielt Lilly das erste Stück Brot und wurde ein durch und durch katholischer Hund, der heute sicherlich alle im Himmel anwesenden Löwen-, Adler-, Menschen- und Stierengel in den Wahnsinn treibt bzw. ihnen so viel Freude schenkt, dass sie sich tatsächlich wie im Paradies fühlen.

Später sagte Seán zu mir: „Sie hat vielleicht noch nie etwas von Jesus gehört, aber niemand der anderen Teilnehmer war so sehr mit seiner Aufmerksamkeit beim Leib Christi wie sie ..."

Ich mag diese unkomplizierte Art Seáns sehr, denn ich habe Vergleichbares auch schon ganz anders erlebt: Bei einem längeren Aufenthalt in einem Kloster hier in Deutschland fühlte ich mich wirklich wohl, hatte gute Gespräche mit den Mönchen, die ich alle sehr angenehm fand, und dachte, dass hier wenig Dogmatisches oder Frömmelndes zu spüren war. Dieses Gefühl verschwand jedoch schnell, als eines Tages ein Hund, der sich wohl irgendwo in dem das Kloster umgebenden Wald von der Leine losgerissen und verirrt hatte, in die Kirche lief. Der Aufschrei, der durch die Brüder fuhr, wäre schon fast komisch gewesen, wenn es nicht auch so überaus traurig und vor allem so abgetrennt vom Lebendigen gewesen wäre. Da war plötzlich von einem dreckigen Tier die Rede, vom Tierfänger, der anzurufen sei, und es fiel sogar das Wort Entweihung, so als hätte irgendein armer Hund, der versucht, ein warmes Plätzchen für sich zu finden, die Kraft, einen herbeifantasierten Heiligkeits-Unterschied zwischen dem Wald und der Kirche aufzulösen. Ich war wirklich erschüttert, wie schlimm dieser Vorfall für die Brüder zu sein schien und wie sehr sie auf dem genannten Unterschied und auch ihrer vermeintlich höheren Stellung gegenüber dem Tier beharrten. Und wie sie dabei ausflippten … Kommen die Worte *ataraxia* und *apatheia* eigentlich im Katechismus vor? Wahrscheinlich nicht.

Wie St. Patrick sagt, hat Gott „seine Wohnstatt überall in Himmel und Erde und Meer und in all dem, was darinnen ist"[52]. Wenn Gott auch im Herzen eines Hundes lebendig ist, sehe ich genau wie die Kelten keinen Grund, ihn nicht als ebenso heilig anzusehen wie jedes andere Wesen, in das Gott sich hineinbegeben hat. Genau wie durch jedes andere Wesen *kann Gott* durch einen Hund *für mich geschehen*, er kann sich in der Form eines Hundes zeigen und mir etwas über den göttlichen Kern des Hundseins beibringen sowie darüber, was es heißt, die Welt mit der immer zur bedingungslosen Liebe bereiten Seele eines Hundes zu betrachten.

Der schon mehrmals erwähnte John O'Donohue schrieb einmal einen Segen, den er mit „Vom Wesen der Tiere lernen" betitelte:

> „Näher dem Herzen der Erde,
> Tiefer in ihrem Schweigen:
> Tiere kennen diese Welt,
> Wie wir sie niemals kennen werden.
> (…)
> Mögen wir lernen, heimzukehren
> Und zu ruhen in der Schönheit
> Tierischen Wesens,

Lernen, uns tief hinabzubeugen,
Unser geschlossenes Denken zu verlassen
Und mit befreiten Sinnen
Zu spüren, wie die Erde
Im Gleichtakt mit uns atmet.

Mögen wir die Leichtigkeit
Des Geistes erreichen
Und häufig ausgleiten
In das Gefühl der Wildnis.

Möge das helle Schweigen
Unseres tierischen Wesens
Unser Herz läutern
Von ätzenden Worten.

Mögen wir lernen,
Auf der Erde zu wandeln
Mit all ihrer Selbstgewissheit
Und helläugigen Ruhe,

Auf dass unser Gemüt
Getauft werden möge
Im Namen des Windes
Und des Lichts
Und des Regens."[53]

Getauft im Namen des Windes und des Lichts und des Regens. Getauft von der Schöpfung, in ihr gehalten und einen wertvollen Teil von ihr verkörpernd. Getauft von der Begegnung mit anderen Wesen, in denen andere Aspekte des Göttlichen lebendig sind. Getauft von der Fruchtbarkeit, die sich aus Gottes Wort und der Kraft der Erde zu unfassbarer Vielfalt emporhebt und herumläuft, kriecht, flattert, fliegt und schwimmt.

Nehmen wir uns das keltische Christentum zu Herzen, kann sich unser Verhältnis zur Welt signifikant wandeln und wir erkennen: Jeder Teil der Schöpfung ist wertvoll und Gottes Fruchtbarkeit und Heiligkeit zeigen sich auf viele unerwartete Weisen. Dabei gibt es nichts, was „unrein" ist oder vom Göttlichen weiter entfernt, als wir es sind. Gott braucht alles Leben, um alle Facetten seiner Liebe zum und seiner Leidenschaft für das Leben adäquat ausdrücken zu können. Etwas herausfordernder drückt es der schottische Geopoet Kenneth White aus, der in einem seiner wunderbaren Gedichte davon spricht, dass Chrysanthemen auch in Gottes Mist wachsen.[54]

Von Grund auf gut

Möge dir stets bewusst sein,
dass alles Geschaffene seine eigene Weisheit
und seine eigene Vollkommenheit besitzt,
dass alles dort ist, wo es sein soll,
und als Lächeln in Gottes Herzen existiert.

Wie bereits erwähnt, hatte Rom in Irland nicht allzu viel Einfluss. Das Christentum entwickelte sich eigenständig, baute auf den heidnischen Vorstellungen auf, die es adaptierte, erweiterte, neu dachte und in Bezug zu den Lehren der Wüstenväter und der biblischen Überlieferung setzte. Die Unterschiede, die sich aus dieser Herangehensweise ergaben – das Osterdatum, der Haarschnitt der Mönche, die Doppelklöster und so weiter –, passten dem römischen Klerus aber ganz und gar nicht, weshalb die keltische Kirche immer mehr zu einem Ärgernis wurde. Neben den genannten Dingen gab es vor allem eine Sache, die Rom übel aufstieß: Viele keltische Christen folgten der Lehre des Pelagius, einem Laienmönch aus Britannien (wahrscheinlich aus dem nördlichen Teil, also Schottland), der es aufgrund seiner Bildung zu einer gewissen Bekanntheit in Rom gebracht hatte und irgendwann in einen Streit mit dem Kirchenvater Augustinus geriet. Diese Auseinandersetzung ist in die Theologiegeschichte als Pelagianischer Streit eingegangen und ist, wie Gisbert Greshake treffend bemerkt, „einer der größten Ideenkonflikte in der abendländischen Kirche vor der Reformation"[55].

Ein Ideenkonflikt, von dem die meisten Menschen noch nie

etwas gehört haben, der aber die Entwicklung des Christentums entscheidend beeinflusst hat. Ich möchte kurz vorgreifen und meine ganz persönliche Einschätzung kundtun: Hätte Pelagius diesen Streit gewonnen, und nicht Augustinus, dann würden wir heute möglicherweise in einer gänzlich anderen Welt leben!

Aber der Reihe nach … Im Grunde genommen gerieten Pelagius und Augustinus über eine einzige Frage in Streit: Ist der Mensch von Grund auf gut oder nicht? Daraus ergaben sich dann weitere Fragen, die beide Theologen grundverschieden beantworteten: Kann der Mensch sich stets entscheiden, das Gute zu tun? Verfügt er über Willensfreiheit oder gibt es ein von Gott zugeteiltes Schicksal?

Augustinus' Antwort auf all diese Fragen lautete Nein, wobei die Ursache dieses Neins in Augustinus' eigener Geschichte zu suchen ist. Im Jahr 354 als Sohn eines Heiden und einer Christin in Nordafrika geboren, studierte er nach jugendlichen Ausschweifungen in Karthago die Kunst der Rhetorik, fand die biblische Überlieferung eher enttäuschend und wandte sich dem Manichäismus zu. Diese Glaubensrichtung, die heute nahezu ausgestorben ist, zeichnet sich vor allem durch einen starken Dualismus und eine entsprechende Licht-Dunkelheit-Metaphorik aus, die bei Augustinus bleibende Wirkung entfaltete, auch wenn er sich später dem Christentum zuwandte und sich vom Manichäismus distanzierte. Mani, der persische Gründer dieser Glaubensrichtung, ging davon aus, dass es drei Zeitalter gebe: Eines in der Vergangenheit, in dem Licht und Dunkelheit streng voneinander getrennt waren; eines in der Gegenwart, in dem diese Qualitäten sich miteinander vermischen; und eines in der Zukunft, in der sie wieder getrennt seien. Letzteres ist sozusagen das Ziel des manichäistischen Heilsgeschehens.

Als Licht und Dunkelheit noch getrennt waren, existierten im Bereich des Lichts fünf Qualitäten: Vernunft, Denken, Einsicht, die Sinne und die Überlegung. Im Bereich der Finsternis existierten dagegen Feuer, Rauch, Wind und Wasser, die versuchen, das Reich des Lichtes zu erobern. Gott, der natürlich ausschließlich im Lichtreich wohnt, versucht dies zu verhindern, indem er seinen Sohn in die Finsternis schickt und dort in einer Vermischung aus Licht und Finsternis die Welt erschafft. Feuer, Wasser und Wind werden daraufhin in Bewegung versetzt, um das Licht nach oben in die Milchstraße abzuleiten und somit im Laufe der Geschichte wieder das Licht von der Finsternis zu trennen – ein Vorgang, für den die Menschen eine gewisse Verantwortung tragen. Wenn alles wieder schön säuberlich in getrennten Schubladen existiert, ist alles wieder in Ordnung. Licht hier, Finsternis dort, alle sind zufrieden und die Schöpfung braucht niemand mehr.

Organisatorisch gab es bei den Manichäern zum einen die Auserwählten und zum anderen die sogenannten Hörer. Die Auserwählten durften weder arbeiten noch mit ihren Händen irgendetwas Weltliches berühren, sie durften keinen Geschlechtsverkehr haben und kein Fleisch essen. Dafür erzählten sie eine Menge und gaben die Lehren Manis weiter. Die Hörer, zu denen auch Augustinus zählte, mussten sich nur am Sonntag an diese Regeln halten und ansonsten das tun, was ihr Gattungsbegriff vermuten lässt.

Unter dieser geistigen Dunstglocke verbrachte Augustinus zehn Jahre, die ihn sehr geprägt haben. Den Dualismus, den er dort aufsaugte, nahm er auch nach seiner Bekehrung zum

Christentum mit und mischte ihn unter die biblischen Lehren, wobei er – befähigt durch sein Studium der Rhetorik – sehr geschickt argumentierte und schnell großen Einfluss gewann. Dabei entwickelte er ähnlich seltsame Theorien wie zuvor schon Mani. Augustinus ging von einer bestimmten Anzahl Engel aus, bei denen sich gute und böse Exemplare voneinander getrennt hatten und fortan ihren Neigungen entsprechend im göttlichen bzw. im irdischen Bereich verortet waren. Am Ende der Zeit gebe es dann ein Gericht, nach dem die Guten in himmlischer Ewigkeit leben würden, während die Bösen zu ewiger Verdammnis verurteilt werden würden. Damit die Zahl der Engel im Himmel dann wieder der ursprünglichen Buchführung Gottes entspräche, würden exakt so viele Menschen wie es böse Engel gab, in den Himmel aufgenommen, während der Rest leider auch der Verdammnis anheimgestellt würde, ganz gleich, wie sie sich auf Erden verhalten hatten. (Eine Idee, die später von Johannes Calvin begeistert aufgegriffen wurde.)

Augustinus wird auch oft der „Lehrer der Gnade" genannt, was ja erst einmal ganz positiv klingt. Was er mit dem Begriff Gnade meint, ist aber, dass die Menschen, die von Gott als Ersatzmannschaft für die gefallenen Engel ausgesucht werden, dies völlig unverdient erlangen und ihren Platz bei den Harfe spielenden Langweilern ausschließlich der Gnade Gottes zu verdanken haben. In ihrem Fall sieht Gott gnädig darüber hinweg, dass die Schuld, die Adam auf sich geladen hat und die von einer Generation an die nächste weitergegeben wurde (von Augustinus stammt der Begriff „Erbsünde", den man in der Bibel nirgends findet), eigentlich unauslöschlich ist. Wie schön. Bei all diesen Dingen hat der Mensch übrigens keinerlei eigenen Anteil, denn laut Augustinus verfügt der Mensch nicht über einen freien Willen, sondern ist vollständig abhängig vom Willen Gottes. Der alte Mann auf der Wolke lässt den Menschen gut handeln, sodass er als Mitglied der Ersatzmannschaft taugt, oder aber böse, womit er sich die ewige Verdammnis und damit endlose Höllenqualen verdient. Übrigens müssen auch die guten Menschen vor ihrer Aufnahme in den Himmel eine schmerzhafte Läuterung über sich ergehen lassen, denn ganz ohne geht es bei Augustinus einfach nicht.

Seine Vorstellung vom Verhältnis Gott und Mensch dreht sich also hauptsächlich um Sünde und Erlösung, wobei die Menschen kaum mehr sind als Marionetten in der Hand eines völlig verrückten Puppenspielers, der am Ende des Stücks 95 Prozent seiner von ihm gesteuerten hölzernen Protagonisten verbrennt, weil er sie für böse hält. Ein Psychoanalytiker hätte wirklich seine helle Freude an diesem von Schuldneurosen geplagten Bischof gehabt, bei dem ich überzeugt bin, dass seine stark dualistische Lehre sowie seine Ideen von Erbsünde und Prädestination zumindest indirekte Folgen seines langjährigen Kontaktes mit dem Manichäismus waren.

Genau dies hat ihm auch Pelagius zum Vorwurf gemacht, der meinte, dass Augustinus den Manichäismus durch die Hintertür ins Christentum geschmuggelt habe. Über Pelagius selbst, dessen Lehre vor allem im keltischen Raum großen Einfluss hatte und dort bis heute nachhallt, ist leider nicht so viel bekannt wie über Augustinus. Viele seiner Schriften wurden vernichtet, doch einige sind uns zum Glück erhalten geblieben. Pelagius, der irgendwann zwischen 350 und 360 irgendwo in Britannien geboren wurde, war geprägt von der Askese der Wüstenväter und keltischen Mönche und tauchte in den

380er-Jahren als Laienmönch (*servi Dei* – Diener Gottes) in Rom auf, wo er sich bald einen Namen machte und vor allem in der aristokratischen Gesellschaftsschicht Bewunderer fand. In seinen Predigten bestritt er vehement, dass die Menschheit zum Schlechten prädestiniert und zur Verdammnis bestimmt sei. Ebenso lehnte er die Lehre der Erbsünde ab. All dies widersprach laut Pelagius der von Gott gegebenen Willensfreiheit des Menschen und ebenso seinem göttlichen Ursprung. Er zeigte auf, dass Augustinus' Lehre darauf hinauslief, dem Bösen den gleichen Rang wie dem Göttlichen einzuräumen und einem folgenschweren Fatalismus Tür und Tor zu öffnen.

Pelagius' Position ist uns – neben den Passagen seiner Schriften, die von seinen Gegnern zitiert wurden – hauptsächlich in Briefen erhalten geblieben, u.a. dem *Brief an Demetrias*, den er 413 schrieb. Selbige Demetrias war Tochter eines vermögenden römischen Adelshauses und sollte – den damaligen Sitten entsprechend, nach denen Mädchen und Frauen oftmals nicht viel mehr als Handelsgut waren – mit dem Spross einer anderen Adelsfamilie vermählt werden, auf dass das Vermögen beider Familien weiterhin wachse.

Kurz vor der Hochzeit entschied sich Demetrias jedoch dafür, ganz Rom in Aufruhr zu versetzen und ihr Leben fortan als gottgeweihte Jungfrau zu führen. Gottgeweihte Jungfrau ist ein Lebenskonzept, das heute nicht mehr viele Anhänger findet, und das man kurz als „Nonne auf Heimaturlaub" beschreiben könnte: Die Frauen lebten weiterhin zu Hause, legten aber den Schleier einer Nonne an, blieben ehe- und kinderlos, studierten die Bibel und versuchten die christliche Nächstenliebe in Wort und Tat zu verbreiten. Sie kümmerten sich um soziale Projekte wie die Armenspeisung und lebten ansonsten eher zurückgezogen, vertieften sich in ein intensives Gebetsleben und versuchten, sich den Lehren Jesu sowie dem Geheimnis Gottes in kontemplativer Weise zu nähern. Das mag für heutige Ohren vielleicht nicht sehr attraktiv klingen, man darf aber den emanzipatorischen Aspekt des Ganzen nicht unterschätzen, denn mithilfe dieser Hinwendung zum Glauben wurde von den Frauen ein erheblicher Teil ihrer Selbstbestimmung zurückerobert.

Demetrias entschied sich also für diesen Weg und in den Gassen von Rom fing das große Getuschel an. Ihre Mutter Juliana und ihre Großmutter Proba schrieben daraufhin drei Theologen an und baten um Rat und Führung für Demetrias. Augustinus, Hieronymus und Pelagius antworteten, Ersterer indirekt, die beiden anderen mit direkten Briefen an Demetrias. Und damit nahm der Pelagianische Streit seinen Lauf, denn war Augustinus anfangs noch davon angetan, dass Pelagius der gerade geweihten Jungfrau Demetrias antwortete und sie in ihrem Beschluss bestärkte, las er den Brief von Pelagius dann doch irgendwann genauer und war schockiert über die vermeintlichen Irrtümer, die der Laienmönch aus dem Inselreich zum Besten gab.

Während Augustinus oft an seinen Ansprüchen sich selbst gegenüber scheiterte und seine Ablehnung des freien Willens daher manchmal erscheint, als wolle er aus der Not eine Tugend machen (im Sinne von: *Ich konnte nicht anders handeln, weil Gott mich eben zur Sünde hin geschaffen hat!*), geht Pelagius davon aus, dass christliche Praxis *immer möglich* ist, da der Mensch sich frei dazu entscheiden kann, das Richtige zu tun.

Diese Entscheidungsfähigkeit sieht Pelagius in der Bibel bestätigt, wobei er sich vor allem auf Jesus Sirach bezieht:

„Er selbst hat am Anfang den Menschen gemacht und hat ihn der Macht seiner Entscheidung überlassen. Wenn du willst, wirst du die Gebote bewahren und die Treue, um wohlgefällig zu handeln. Er hat dir Feuer und Wasser vorgelegt, was immer du erstrebst, danach wirst du deine Hand ausstrecken."[56]

Zugleich bringt die Fähigkeit zur freien Entscheidung für Pelagius aber auch eine moralische Forderung mit sich: „Immer ist deutlich ins Bewusstsein zu heben, was man in der Praxis anstrebt, und es ist das zu entfalten, was die Natur an Gutem vermag. Denn das, was man erwiesenermaßen kann, soll auch in die Tat umgesetzt werden."[57]

Freiheit ist für Pelagius immer auch Verantwortung, und sein Gott traut dabei den Menschen offenbar mehr zu, als Augustinus das tut. Gott setzt sein Vertrauen in die Menschen, indem er ihnen die Wahl lässt.

„Hier, sage ich, liegt die ganze Ehre unserer Natur beschlossen, hier ihre Würde, hier empfangen die Besten ihr Lob, hier ihren Lohn. Ja, es gäbe überhaupt keine Tugend für den, der im Guten verharrt, wenn er nicht zum Bösen übergehen könnte. Denn Gott wollte das geistbegabte Geschöpf mit der Gabe beschenken, das Gute frei zu vollbringen, und mit der Fähigkeit, sich frei zu entscheiden. Indem er dem Menschen die Möglichkeit nach zwei Seiten hin einpflanzte, erschuf er dessen Proprium: das zu sein, was er sein möchte."[58]

Für Pelagius bedeutet sein Glaube, dass er wahrhaftig frei ist, dass Gott ihn so geschaffen hat, dass er in diese oder jene Richtung gehen kann, und dass die Liebe, die in Gott und Jesus Christus sichtbar wird, ihn niemals zu etwas zwingt.

„Wo wir Wollen und Nichtwollen erblicken, Erwählen und Zurückweisen, dort geht es – wie man einsieht – nicht um die zwingende Macht der Natur [also auch nicht um die vorherbestimmende Macht eines augustinischen Marionettenspielers], sondern um die Freiheit des Willens."[59]

Liebe lässt frei – denn alles andere wäre keine Liebe, schon gar keine göttliche. Erst dadurch, dass der Mensch frei ist, ist überhaupt erst eine Beziehung zu Gott möglich, da nur ein freies Wesen Ja zu etwas oder zu jemandem sagen kann. Würde allein Gott unser gutes Handeln steuern, uns zum Guten zwingen, hätte dieses Handeln jeden Sinn verloren, wäre null und nichtig. Erst durch das Vertrauen, das Gott durch den freien Willen in uns setzt, wird unsere Würde offenbar.

„Ohne unseren Willen tun wir weder Gutes noch Böses. Wir haben die Freiheit, immer das eine zu tun, wenngleich wir beides tun könnten."[60]

Ganz direkt weist er Demetrias in seinem Brief darauf hin, dass ihr Reichtum und ihre Stellung nicht ihr eigenes Verdienst seien, da sie ihr von außen zugekommen seien. Ihre innere Haltung aber und ihr Wunsch, ein wirklich christliches und tugendhaftes Leben zu führen, seien „in Deiner Verfügungsgewalt und Dir wirklich zu eigen, weil es nicht von außen herkommt, sondern im Herzen selbst entsteht"[61].

Eine Haltung der gesunden Unterscheidung, die ein wenig an Epiktet erinnert, dessen „Handbüchlein der Moral" Pelagius sicher kannte, und die gleichzeitig auf das menschliche Herz als Ort verweist, wo das Wesentliche des menschlichen Seins zu entdecken ist.

Im Gegensatz zu Augustinus vertritt Pelagius eine durch und durch positive Anthropologie. Diese positive Haltung nimmt er auch gegenüber der gesamten Natur ein, die für ihn – ganz in keltischer Tradition – nichts ist, was es zu überwinden und hinter sich zu lassen gilt, sondern deren Wunder, die Gott uns aus reiner Güte hat zuteilwerden lassen, wir dankbar annehmen sollten.

Der Umstand, dass wir uns beim Tun des Richtigen gut fühlen, während uns unser eigenes Fehlverhalten Gewissensqualen verursacht, ist für Pelagius der Beweis, dass die Natur des Menschen und auch die gesamte Natur aus dem Guten und zum Guten hin geschaffen wurde.

„Ist hier die Natur nicht sich selbst Zeuge? Eben dadurch gibt sie ihr eigenes Gut(sein) zu erkennen, dass ihr das Böse missfällt; dadurch dass sie auf das gute Werk setzt, zeigt sie, dass dies allein ihr angemessen ist."[62]

Und er argumentiert auch in umgekehrter Richtung, wenn er schreibt:

„Du solltest das Gute in der Natur in Bezug auf ihren Schöpfer ermessen ... Wenn er es ist, der die Welt gut gemacht hat, mehr als gut, was denkst du, wieviel besser er noch die Menschheit gestaltet hat ... geschaffen nach seinem eigenen Bilde und ihm ähnlich ... Lerne daher, die Würde unserer menschlichen Natur wertzuschätzen."[63] Diese Würde, die wir von Natur aus haben, also von Geburt an, lässt Pelagius auch die Säuglingstaufe ablehnen, die er aus seiner Sicht natürlich für unnötig erachtet.

Alles, was Pelagius schreibt, steht in seiner Hinwendung zur Welt und zum Menschen dem Gedankengebäude Augustinus' diametral entgegen. Vielleicht ein wenig überspitzt schreibt Gisbert Greshake: „Leuchtet im ‚pelagianischen Menschen' noch einmal das Kraftvolle und Ungebrochene der antiken Religiosität auf, so versteht sich der ‚augustinische Mensch' als reine Rezeptivität und radikale Angewiesenheit auf Gott."[64]

Entsprechend heftig fällt Augustinus' Reaktion aus, der immer wieder anstrebt, Pelagius der Häresie zu überführen. Unterstützung erfährt er dabei von Hieronymus, der argumentativ nicht viel vorzubringen hat, sich dafür aber umso mehr der Polemik hingibt. Da Pelagius eher wohlgenährt daherkommt, oder sagen wir: keltisch-kräftig wie Obelix, schimpft Hieronymus über ihn: „Er stampft wie ein Tölpel daher, von schottischem Mehlbrei vollgestopft."[65]

Er nennt ihn „das Gezücht des skotischen Volkes aus der Nachbarschaft der Bretonen", „aus den götzenanbetenden Völkerschaften ohne Sitten und Humanität"[66]. Man kann sich vorstellen, wie Hieronymus beim Schreiben Schaum vor dem Mund hatte.

Beide Kirchenväter hatten neben den theologischen Unterschieden auch eher private Gründe, gegen Pelagius vorzugehen. Augustinus konnte es nicht auf sich sitzen lassen, dass Pelagius ihm anlastete, den Manichäismus ins Christentum einzuschleusen, während Hieronymus vor allem darüber erzürnt war, dass seine Stammklientel, die reiche Oberschicht Roms, sich dem wahrscheinlich etwas lebenslustigeren Pelagius zuwandte. (Mal Hand aufs Herz: Mit wem würden Sie lieber einen Abend verbringen ... Mit Jorge von Burgos oder mit Obelix?)

Darüber hinaus war es natürlich eine Grundsatzfrage, die letztlich mit Machtverhältnissen der Kirche zu tun hatte: Fokussiere ich mich auf das Gute und glaube daran, dass der Mensch sich aus eigenem Antrieb und auf seine eigene Art Gott zuwenden kann? Oder konzentriere ich mich auf die Sünde, die an jeden Menschen weitergegeben wird und ihn in den Abgrund reißt, aus dem er nur durch die unverdiente

Gnade Gottes, praktischerweise repräsentiert durch die Kirche, errettet werden kann?

Seán, der mit Kritik an seinem Arbeitgeber nie sparte, meinte dazu ganz lapidar: „Den Menschen einzureden, sie seien sündig, war schon immer gut fürs Geschäft!" Mit anderen Worten: Wenn ich etwas verkaufen will, bietet es sich an, dem potenziellen Kunden vorab ein künstliches Bedürfnis einzureden, was dann nur ich stillen kann. Wobei man Augustinus zugutehalten muss, dass er wohl eher weniger an seine persönlichen Vorteile dachte, sondern dass vielmehr die Freiheit, die sich in Pelagius' Lehren widerspiegelte, absolut nicht zu seinem religiösen Erleben passte. Wenn ich mich selbst als absolut sündig, abhängig und gänzlich ausgeliefert betrachte, dann ist eine wirklich freie Person, die sich grundlos gehalten und geborgen fühlt, eine Bedrohung für mein Ego und damit etwas, was ich nicht ertragen kann. Möglicherweise könnte man also einen Großteil des Pelagianischen Streits auf eine psychologische Ebene herunterbrechen, wodurch Augustinus allerdings nicht viel besser dastehen würde.

Jedenfalls setzt Augustinus alles daran, Pelagius zu diskreditieren und ihn als Häretiker hinzustellen. 411 werden Pelagius und sein Weggefährte Caelestius auf das Betreiben Augustinus' von einer in Karthago einberufenen Synode als Häretiker verurteilt, ein paar Jahre später werden sie allerdings von einer Synode in Jerusalem rehabilitiert. Aber Augustinus lässt nicht locker und sorgt dafür, dass zwei Synoden in Nordafrika das Urteil erneuern. 418, als Pelagius wahrscheinlich schon verstorben war, verfasst Augustinus seine Schrift „De Gratia Christi et de peccato originali", in der er seine Weltsicht der Sünde und Erlösung noch einmal ausführlich darlegt. Er findet im süditalienischen Bischof Julianus von Eclanum nochmal einen Gegner, der die Thesen Pelagius' auf hohem intellektuellen Niveau vertritt, setzt sich aber auch hier aufgrund seines Einflusses in kirchlichen Kreisen durch, bis schließlich im Jahr 431 das Konzil von Ephesos die pelagianische Lehre endgültig verurteilt. Und somit gilt fortan die Erbsündenlehre des Augustinus als kirchenkonform, während Pelagius' Überlegungen und Erkenntnisse als Häresie angesehen werden.

Warum ich zu Beginn des Kapitels schrieb, dass dieser Streit und sein Ausgang den Fortlauf der Welt maßgeblich beeinflusst haben, liegt genau hier begründet. Mit Augustinus hat sich eine negative Anthropologie durchgesetzt und über Jahrhunderte Einfluss auf die christliche Welt ausgeübt, die davon ausgeht, dass der Mensch gänzlich der Gnade Gottes ausgeliefert ist und selbst über keinerlei Möglichkeiten verfügt, sich frei für das Gute zu entscheiden. Ebenso wie diese Theologie den Menschen als sündig betrachtet, sieht sie auch die gesamte Natur als Ort der Sünde an; sie lehnt Körperlichkeit und Sexualität ab, wobei Letzteres auch dazu führt, das Weibliche (das den edlen Mann nur zur Sünde verführt) abzuwerten. Der Mensch, sein Körper, die Natur, das Sexuelle, das Weibliche ... – all das ist nach Augustinus' Lehre etwas Sündiges, Schlechtes. Die Folgen dieses Weltbildes waren über Jahrhunderte in Europa spürbar und sind es teilweise heute noch. Ja, ich behaupte sogar, dass viele unserer heutigen Umweltprobleme zumindest indirekt mit einer solchen Sichtweise, in der das Natürliche abgewertet wird, zu tun haben. Denn nur, was man liebt, schützt man auch – während man das, was man zu überwinden trachtet, ruhig ausbeuten und zerstören kann.

Ganz anders geartet ist da die keltische Spiritualität, sowohl in ihrer heidnischen wie auch in ihrer christlichen Ausprägung. Pelagius formulierte in seinen Schriften hauptsächlich das, was das keltische Christentum als Essenz ausmacht: den unbedingten Glauben an das Gutsein der gesamten Schöpfung inklusive aller Menschen und anderer Wesen; die Güte Gottes und die Freiheit, die er seiner Schöpfung zugesteht, die Heiligkeit in allem, den Geschenkcharakter des Lebens und vor allem das Vorbild Jesu, in das wir alle hineinwachsen können. All das findet man auch in der Bibel. Nirgendwo in der Bibel findet man allerdings eine Aussage über eine verdorbene Schöpfung oder so eine abstrakte Idee wie die Erbsünde. Es wird auch nicht davon gesprochen, dass ein Teil der Schöpfung besser wäre als ein anderer, oder das ein Aspekt des Geschaffenen über allem anderen stehe. Ganz im Gegenteil: „Gott sah alles an, was er gemacht hatte: Und siehe, es war sehr gut."[67]

Alles, was Gott geschaffen hatte, war SEHR GUT! Hier ist von keiner Erlösungsbedürftigkeit die Rede, und man findet hier auch kein Wort über eine Reihenfolge der Wertigkeit, einer Würde-Pyramide oder irgendeine Form von kognitiv bedingter Hierarchie. Tiere, Pflanzen, Berge, Menschen, Wolken, Sterne – alles wurde mit gleicher Sorgfalt erschaffen und wird als sehr gut befunden. All diese einzelnen Wunder, die durch die Schöpfung in das Leben treten und am großen Geheimnis teilhaben, sind wichtig und wertvoll. Im Lukas-Evangelium spricht Jesus von den Spatzen, die in der Welt der Menschen nicht viel wert seien und für einen geringen Preis verkauft werden. „Und doch ist nicht einer von ihnen vor Gott vergessen."[68] Jeder einzelne Spatz ist ein Individuum, das von Gott in dieser Welt gewollt wurde, das durch Gottes Wort in die Fruchtbarkeit der Erde hineingerufen wurde.

Aus diesem Grund konnten die keltischen Christen, ganz ähnlich wie die Wüstenväter ein paar Jahrhunderte vor ihnen, überall in der Schöpfung das Geheimnis Gottes entdecken. Anders als die römisch-katholischen Christen schauten sie nicht von der Welt weg, um irgendwo in einem transzendenten Himmel das Göttliche zu erblicken, sondern sie schauten in die Tiefen der Welt: in die Kiesel eines Flusses, in das Gras auf den Wiesen, in die zuckenden Flammen eines Kaminfeuers, in die Augen einer Kuh oder in die ihres Nachbarn. Und dort, im konkreten Jetzt, im direkten Gegenüber konnten sie Gott erkennen und ihn in allem, was sich ihren Augen zeigte, ehren. Wirklich zu sehen, wirklich achtsam hinzuschauen und die Tiefe in allem zu entdecken, ist darum das alltäglichste Gebet, die wirksamste christliche Praxis, die wahrhaftigste Nächstenliebe, die sich auf die Heiligkeit der gesamten Schöpfung bezieht. Dieser zärtliche Blick auf die Welt ist ein guter Weg, Jesus tatsächlich nachzufolgen und nicht nur über ihn zu reden.

In einem seiner Briefe wendet Pelagius sich an einen frisch Konvertierten und gibt ihm etwas mit auf den Weg, das diese Wichtigkeit der aktiven Nachfolge in den Vordergrund rückt:

„Du wirst bemerken, dass die Glaubenslehren Erfindungen des menschlichen Geistes sind, die versuchen, das Mysterium Gottes zu durchdringen. Du wirst erkennen, dass die heiligen Schriften das Werk des menschlichen Geistes sind, Aufzeichnungen des Beispiels und der Lehren Jesu. Daher geht es weniger darum, was du glaubst, sondern vielmehr darum, wie dein Herz und deine Taten Antwort geben. Es geht nicht darum, an Christus zu glauben, sondern so zu werden wie er."[69]

Pelagius macht in seinen Briefen oftmals einen so modernen Eindruck, dass ich mir nur wünschen kann, die Christenheit würde ihn wieder als den großartigen Lehrer entdecken, der er war.

Zumindest konnte Augustinus auch mit all seiner unangebrachten Härte und Intoleranz nicht verhindern, dass die Ideen Pelagius' weiter in der Geschichte wirkten. Johannes Cassian, dem wir viele Aufzeichnungen über die Wüstenväter verdanken und auf den die Praxis des Ruhegebets zurückgeht, wurde des Semi-Pelagianismus bezichtigt, also einer abgeschwächten Form der Lehren Pelagius'. Und Cassian war seinerseits ein großer Einfluss für Benedikt von Nursia, den Vater des europäischen Mönchwesens, sodass auch heute noch ein Hauch des Semi-Pelagianismus durch etliche Klosterflure geistert.

Einige Hundert Jahre später sprach ein weiterer Mönch aus dem keltischen Raum, Johannes Duns Scotus (1265 – 1308), ebenfalls vom freien Willen des Menschen und der grundlegenden Gutheit der Schöpfung. Zum einen ging dieser Franziskanermönch, der sich zeit seines Lebens für den Einklang von Philosophie und Theologie einsetzte, von einem menschlichen Vermögen der Freiheit und der Selbstbestimmung aus, ganz ähnlich wie dies auch Pelagius tat. Zum anderen brachte er den Begriff der *haecceitas* ins Spiel (lat. *haec* = dieses), also der Diesheit. Dieser leicht künstlich wirkende Begriff bezeichnet einfach das Individuelle oder Spezifische eines jeden geschaffenen Wesens und stellt den Wert des jeweils Einzelnen heraus. Da Duns Scotus von Gottes absoluter Freiheit ausging, konnte er auch jedes einzelne Wesen nur als ganz bewusst geschaffen und frei von Gott gewählt denken. Wie Richard Rohr zu diesem Gedanken ausführt: „Jedes Geschöpf ist demzufolge nicht nur Mitglied einer Gattung oder Spezies, sondern ein einmaliger Aspekt des unendlichen Geheimnis Gottes."[70] Jedes einzelne Wesen, jeder einzelne Baum, jeder einzelne Marienkäfer, jeder einzelne Mensch ist also von Gott ganz bewusst ins Leben gerufen bzw. ist eine von der gesamten Welt benötigte individuelle Entfaltung des Lebens – und zwar genauso, wie er oder sie oder es ist. Mit allen Aspekten seiner physischen und psychischen Besonderheit. Gerade den schuld- oder schambeladenen Mitmenschen, von denen wir alle sicherlich ein paar kennen oder zu denen wir vielleicht selbst gehören, kann man das Konzept der *haecceitas* gar nicht oft genug ins Gedächtnis rufen: *Genauso, wie du jetzt bist, hat Gott dich gewollt, hat das Leben dich erschaffen und hervorbringen wollen! Deine Einzigartigkeit ist durch das Göttliche selbst erschaffen worden, die genau diese Einzigartigkeit der Welt hinzufügen wollte, um das große Mosaik des Lebens noch ein bisschen bunter und ein wenig vollkommener zu machen!*

Der wunderbare John O'Donohue drückte das in aller Kürze aus: „Geboren werden heißt, auserwählt werden."[71]

Auch in einigen christlichen Meditationsformen, die in jüngster Vergangenheit oder heute von Menschen wie John Main, Thomas Keating, Laurence Freeman, Matthew Fox oder Richard Rohr gelehrt werden, scheint weiterhin eine deutliche Spur pelagianischer Lehren hindurch, für die ich überaus dankbar bin. Die Liebe zur Schöpfung und zu den Geschöpfen treibt auch meine eigene Arbeit an, ganz gleich, ob ich schreibe, Vorträge halte oder Seminare gebe. Diese Liebe zur Schöpfung ist für mich gleichzeitig die Liebe zu Gott oder dem Göttlichen, denn *die Welt ist Teil des Körpers Gottes*[72]. Wenn wir die Menschen achten und respektieren, die Bäume, die Tiere, die Flüsse und Berge, dann achten und respektieren wir auch Gott. Wie Seán einmal auf einem Spaziergang zu mir sagte: „Jedes Liebeslied, ganz gleich, an wen es gerichtet ist, ist immer auch ein Gebet an Gott." Mit ihm hatte und habe ich immer jemanden an meiner Seite, der mich auf meinem Weg bestärkte und mir mit dem keltischen Sonderweg des Christentums etwas aufgezeigt hat, was für mich wie ein fehlendes Puzzleteil in meiner Weltbetrachtung ist. Dieses wahrhaft grüne Christentum von der grünen Insel, diese umweltbewusste, pelagianische, libertäre Schöpfungsspiritualität mag vielleicht nicht immer der offiziellen Lehrmeinung der Kirche entsprechen, dafür entspricht sie aber der Natur des Menschen und der Welt, die grundsätzlich gut ist.

Wie gesagt: Hätte Pelagius sich durchgesetzt und somit vielleicht auch die keltische Kirche in ihrer Urform überlebt, würden wir heute in einer anderen Welt leben, in der wir Rassismus und Sexismus vielleicht ebenso überwunden hätten wie unseren Speziesismus und seine zerstörerischen Folgen. Eine Welt, die aber immer noch möglich ist, wenn wir uns kraft unseres freien Willens dazu entscheiden und dieser Entscheidung Taten folgen lassen. Wie der amerikanische Physiker Brian Swimme schreibt, kann und sollte sich unsere Geisteshaltung ändern: „Die irdische Gemeinschaft als Ganzes muss als unsere Heimat begriffen werden, als Mutterschoß von Schöpferkraft und Leben."[73] Das keltische Christentum achtete diesen Mutterschoß, verstand das Leben und Gott als einen Prozess, an dem alles und jeder beteiligt ist, und wusste intuitiv, dass Gott nur Gutes schafft und dass all dieses Gute miteinander in der Liebe verbunden ist.

In der Carmina Gadelica finden sich folgende Zeilen, die in ebendieser Weise von einer guten und von Gott durchdrungenen Schöpfung sprechen:

> „Nicht eine Pflanze im Boden,
> Die nicht voll Seiner Tugend,
> Kein Wesen an Land,
> Das nicht voll Seines Segens.
> Kein Leben in der See,
> Kein Geschöpf im Fluss,
> Nichts am Firmament,
> Das nicht verkündet Seine Freundlichkeit.
> Kein Vogel im Fluge,
> Kein Stern am Himmel,
> Nichts unter der Sonne,
> Das nicht verkündet Seine Güte."[74]

Wie könnte unsere Welt aussehen, wenn wir alle diese Einsichten im Herzen tragen und unser Tun von ihnen leiten ließen?

Segnen und gesegnet werden

Mögest du die Gegenwart des großen Segens,
der liebevollen Kraft Gottes,
in allem und jedem wahrnehmen.
Mögest du in eine wahre Kommunion mit den Regentropfen,
dem Gesang der Amsel und den Nöten deiner Mitmenschen
eintreten.
Mögest du lieben und geliebt werden.

Wenn ich eines von Seán gelernt habe, dann, dass alles in unserem Leben ganz im Sinne der keltischen Mystik einen spirituellen Aspekt hat, etwas Heiliges, das nur darauf wartet, entdeckt zu werden. Seán ist in vielen Momenten tatsächlich so etwas wie ein Magier. Zwar kann er kein Kaninchen aus dem Hut zaubern, eine Dame aus dem Publikum durchsägen oder sich unsichtbar machen. Was er aber kann, ist, das Unsichtbare sichtbar zu machen ...

Ich erinnere mich gut an einen regnerischen Tag vor ziemlich genau zwölf Jahren, an dem wir bereits seit Stunden auf der Autobahn unterwegs waren: Seáns erste Autorentour durch Deutschland, bei der ich ihn als Übersetzer begleitete. Die Scheibenwischer quietschten in atemberaubendem Tempo hin und her, und kamen doch nicht gegen die Himmelsfluten an. Irgendwann spürten wir, dass uns ein Päuschen und etwas zu essen guttäte, und steuerten darum eine Raststätte an.

Wir trugen unsere Tabletts zu einem der weniger besetzten Tische und hockten uns zu einer Familie mit zwei pausbäckigen Kindern dazu, die sich als amerikanische Touristen entpuppten, denen das fehlende Tempolimit auf deutschen Autobahnen einen gehörigen Schrecken eingejagt hatte. Wir begrüßten einander und die Leute waren wie alle Touristen froh, ihre eigene Sprache zu hören.

Ich konzentrierte mich auf mein Tablett, und schon der Anblick des Essens machte mich mehr oder weniger satt. Die Nahrungsaufnahme erschien an diesem Tag eher als Pflicht denn als Vergnügen. Aber ich fasste mir ein Herz und wollte schon anfangen, mich dem faden Was-auch-immer zu widmen, als Seán seine Hand auf meinen Arm legte.

„Wir wollen erst einmal beten!"

Wie bitte? Hier? Meint er das etwa ernst? Mit gefalteten Händen am Resopal-Tisch einer Raststätte zu sitzen und in aller Öffentlichkeit zu beten – das war nun nicht gerade mein größter Traum. Aber Seán konnte das sogar noch toppen, indem er die Familie ansprach, mit der wir uns den Tisch teilten, und sie überfallartig dazu überredete, sich uns beim Gebet anzuschließen. Es gibt ja bekanntlich Angstschweiß, aber ich kann Ihnen versichern, dass es auch so etwas wie Peinlichkeitsschweiß gibt, der mir nun aus allen Poren trat, als wir mit der Familie Händchen hielten und gemeinsam Seáns Gebet und Segen lauschten. Alle schienen mir ein wenig verunsichert, aber zu meiner großen Überraschung löste sich diese Unbehaglichkeit recht schnell auf. Auch bei mir. Seán sprach davon, wie dankbar wir sein könnten, zusammengefunden zu haben und nun dieses Essen miteinander teilen zu können. Er erwähnte, wie die Eltern ihre Kinder liebten und versorgten, und wie das Universum und die Erde wiederum uns versorgten, wie wir geborgen waren und stets gehalten von einer Liebe, die wir wohl niemals verstehen, aber immer spüren konnten. Spätestens, als er den Segen über das Essen sprach und mit wunderschönen Worten darauf hinwies, dass die Kraft der Elemente und des Guten in der Welt in diesem Essen gegenwärtig seien, war mir gar nichts mehr an der Situation peinlich – ganz im Gegenteil fragte ich mich eher, warum wir unser Essen und die Gesellschaft anderer Menschen nicht immer so wertschätzten und dies auch zum Ausdruck brachten.

Das Raststätten-Essen schmeckte danach nicht unbedingt besser, es wurde nicht auf magische Weise in ein Drei-Sterne-Menü verwandelt. Aber unser aller Verhältnis zu dem Pamps auf unseren Tellern hatte sich verändert: Wir waren erfüllt von einer tiefen Dankbarkeit dafür, dass wir überhaupt etwas zu essen hatten, dass sich die Welt uns auf diese Weise schenkte, uns auch noch hier zusammenbrachte und im Gebet vereinte. Wir unterhielten uns, fragten uns gegenseitig nach unserem Reiseziel und warum wir unterwegs waren, woher wir genau kamen und so weiter. Seán berichtete von Afrika und musste den Kindern prompt etwas auf Suaheli erzählen, was ihre Augen und Pausbacken noch mehr leuchten ließ. War der alte Mann etwa Tarzan, der sich gerade mit einer Liane von Afrika herübergeschwungen hatte? Wir lachten, holten uns noch einen klebrigen Nachtisch, und als die Familie aufbrach, ließ Seán es sich nicht nehmen, sie zum Abschied zu segnen. Er umarmte jeden von ihnen lange, berührte sanft mit seiner Hand ihre Stirn und sagte: „Möge eure Reise sicher und euer Ziel angenehm sein. Möge Gott euch stets in der Schale ihrer Hände halten!"

Das war einer dieser vielen Momente, in denen meine Augen feucht wurden und ich meine Sehnsucht nach Ganzheit körperlich spüren konnte. Ich war so froh, ihn zu kennen und mit ihm unterwegs zu sein, denn ich kannte niemanden sonst, der Menschen so schnell so nah kam und sie tatsächlich in ihrem Inneren berührte. Die Kraft des Segens, die ihn durchdrang, war so deutlich spürbar, und ich bin sicher, dass auch diese uns bis eben noch fremde Familie sich lange daran erinnerte.

Diese Kraft des Segens, der wir in so vielen irischen Segensworten begegnen können, speist sich direkt aus der tief im keltischen Denken verwurzelten Überzeugung, dass die Schöpfung grundsätzlich gut ist und dass wir alle in diesem Guten geborgen sind. Dabei fügen diese Segen der Welt nichts hinzu, sind keine magischen Formeln, die die Welt verzaubern, sondern verweisen einfach auf das, was als Potenzial schon vorhanden ist. Grundvoraussetzung ist die liebende Achtsamkeit, von der schon im letzten Kapitel die Rede war. Aus der Verwandlung unseres Blickes heraus, beziehen sich die Segensworte auf das Wesentliche, „markieren" das Wichtige, weisen auf das Gute hin. Das Wort segnen hat seinen Ursprung im lateinischen *signare*, was so viel wie „mit einem Zeichen versehen" bedeutet. Wir versehen das, was ist, mit einem Zeichen des Segens, das das Gute, das in der jeweiligen Situation noch verborgen sein mag, hervorhebt. Der Segen schiebt einen Schleier beiseite, setzt Dinge, die wir vielleicht übersehen, in einen neuen Rahmen, macht Zusammenhänge deutlich, die wir noch nicht bemerkt haben, und holt damit die spirituelle Dimension in unseren Alltag. Segensworte sind Ausdruck einer neuen Wahrnehmung der Wirklichkeit und gleichzeitig ein sanfter Wind, der die Flamme unserer Achtsamkeit anfacht und heller leuchten lässt. Diese Flamme lässt das Potenzial von Situationen, von Geschehnissen, von Dingen, von Menschen und anderen Wesen deutlicher hervortreten.

Seit dieser ersten, überraschenden und überaus lebendigen Begegnung mit der Kraft des Segnens in einer überfüllten Autobahn-Raststätte hat mich die Faszination für diese Worte, die das Gute und Heilsame gleichsam hervorlocken, nicht mehr losgelassen. Über die Jahre, in denen ich selbst immer tiefer in dieses Handwerk des Herzens eingetaucht bin, habe ich etliche Vorträge und ebenso Seminare zu diesem Thema gehalten, wobei ich immer wieder auf wundersame Weise davon berührt war und bin, wie sehr ein Segen einen Menschen wertschätzen, ermutigen und aufbauen kann. Wenn ich nach einer Lesung oder einem Vortrag Bücher signiere, dann kritzele ich nicht einfach meinen Namen auf die erste Seite, sondern schreibe immer einen persönlichen Segen für denjenigen, der das Buch lesen möchte. Das mag der Grund dafür sein, dass ich von meinen Veranstaltungen oft erst mitten in der Nacht zurückkomme, aber das ist es mehr als wert. Die Menschen erzählen mir kurz, was sie gerade bewegt oder was in ihrem Leben momentan eines Segens bedarf, und dann fallen mir Worte ein, bei denen mir im Nachhinein immer bewusst wird, wie das keltische Verständnis eines freien Gottes, der mir sein volles Zutrauen schenkt, mich inspiriert. Das sind wunderbare Erfahrungen mit wunderbaren Menschen und oft zwar kurze, aber doch intensive Momente des gegenseitigen Kennenlernens.

Mittlerweile bin ich überzeugt, dass die Kunst des Segnens eine ganz eigene Form der Achtsamkeitspraxis ist und dass sie uns befähigt, tief in die Wirklichkeit zu schauen, sodass wir das Gute überall entdecken können.

Dieses Gute ist oft unauffällig, versteckt sich, ist nur ein kleines Pflänzlein, das noch viel Pflege bedarf, doch von dem wir sicher sind, dass es weiter wachsen wird. Und indem wir den Segen nicht nur als persönlichen Wunsch aussprechen, sondern durch Formulierungen wie „Möge es geschehen ..." den ganzen Kosmos einladen, an diesem Hervorlocken des Guten mitzuwirken, werden die Segen zu einer Einübung darin, das Reich Gottes, von dem Jesus sprach, tatsächlich *mitten unter uns* zu erblicken.

Auch wenn es Schwierigkeiten gibt, schenkt ein Segen uns das Vertrauen, dass wir diese überwinden können. Der Segnende ist überzeugt von der Kraft, die in uns wohnt und die uns tragen wird:

> „Mögen die Grenzen, an die du stößt,
> einen Weg für deine Träume offen lassen.
> Möge deine Seele stets
> in einem Haus der Harmonie wohnen
> und nicht in einem Spukhaus."[75]

Zugleich haben viele Segen auch einen sozialen Charakter, da sie das, was sie einem Menschen wünschen, auch auf andere ausweiten und sich gewiss sind, dass der Gesegnete sein Herz öffnet und den Segen weitergibt:

> „Möge dein Herz immer so gestimmt sein,
> dass du wenigstens einem Menschen am Tage
> Freude bereitest."[76]

Die keltischen Christen waren Meister in der Kunst, ihren Alltag von der Herrlichkeit dieses Reiches durchdringen zu lassen, bei allem, was sie taten, einen Segen zu sprechen und eine

Spiritualität der kleinen Dinge zu entwickeln, die nichts als zu profan erachtete, als dass es nicht Gottes Aufmerksamkeit verdient hätte.

Wer morgens sein Herdfeuer entzündete, der sprach einen Segen über die Flammen und bat darum, dass dieses Feuer nicht nur die Körper, sondern auch die Seelen der Hausbewohner wärmen möge. Wer seine Kuh molk, bedankte sich, segnete das Tier und bat darum, dass die Milch ihm Kraft verlieh, seinen Weg auf Jesu Spuren auch an diesem Tag weiterzugehen. Wer das Segel seines Bootes flickte, sprach einen Segen und bat den alles durchwirkenden Gott darum, dass ihm der Wind gnädig sein möge und ihn immer wieder dorthin zurücktrage, wo sein Herz zu Hause war.

George Herbert schrieb 1633 in seinem Gedicht „Das Elixier" die folgenden Zeilen, die das Verhältnis der keltischen Christen zu ihrem Gott gut beschreiben:

> „Lehre mich, mein Gott und König,
> in allen Dingen dich zu sehen
> und alles, was ich tue, zu tun als wäre es für dich."[77]

In der keltischen Spiritualität der kleinen Dinge kommt eine Haltung zum Ausdruck, die keinen Unterschied zwischen dem Sakralen und dem Alltäglichen macht: In den schwarzen Augen eines Seehundes kann das Göttliche ebenso erkannt werden wie im Kruzifix an der Kirchenwand; im zahnlosen Lächeln einer alten Frau erscheint Gott ebenso wie in der heiligen Kommunion. In diesem Bewusstsein umgibt und durchdringt das göttliche Werden alles und jeden, sodass sich auch der Segen über die ganze Welt ergießt:

„Ihr ungezählten Grashalme,
ihr Sandkörner am Ufer der See,
ihr Tautropfen in der Morgensonne:
Mögen die Segenswünsche des Königs der Gnade
auf allen ruhen, die vorübergehen,
die einst waren, die jetzt sind
und demnächst sein werden.
Möge der Segen über jeden kommen,
in dessen Gesicht ich sehe."[78]

Stets von Gott umgeben und behütet zu sein, nie tiefer fallen zu können als in seine oder ihre Arme, von Gott ins Leben gebracht worden zu sein und von Gott erhalten zu werden, in jedem Moment Gott ein- und auszuatmen und sie oder ihn im eigenen Herzschlag zu hören – das war die Wirklichkeit, wie sie sich den keltischen Christen offenbarte. Gott war nicht der ferne Schöpfergott oder der noch fernere Uhrmacher, sondern ein allzeit gegenwärtiger Gott:

„Gott mich zu entfalten,
Gott mich zu umgeben,
Gott in meinem Sprechen,
Gott in meinem Denken.

Gott in meinem Schlaf,
Gott in meinem Wachen,
Gott in meinem Sehen,
Gott in meinem Hoffen.

Gott in meinem Leben,
Gott auf meinen Lippen,
Gott in meiner Seele,
Gott in meinem Herzen.

Gott in meinem Genügen,
Gott in meinem Schlummer,
Gott in meiner für immer lebenden Seele,
Gott in meiner Ewigkeit."[79]

Die keltischen Segen stehen sowohl mit dem Jenseitigen als auch mit dem Diesseitigen in Verbindung, denn der panentheistische Ansatz geht davon aus, dass das Göttliche nicht nur eine transzendente, sondern auch eine immanente Seite hat, die sich uns jeden Tag zuwendet, da sie in unserer Welt beheimatet ist. Damit ist die Welt kein Ort, von dem wir entkommen müssen, sondern der Platz, an den das Göttliche uns gestellt hat, auf dass wir uns hier entfalten können, wir genau hier und jetzt wachsen.

Dem Gott der keltischen Christen ist nichts Irdisches und nichts Menschliches fremd, weil er dieses Irdische und Menschliche *ist*. Zwar geht er auch darüber hinaus, hat Aspekte, die wir nicht fassen können, da unsere Wahrnehmung begrenzt ist. Doch die Kelten gingen wie die Wüstenväter davon aus, dass Gott sich durch seine Schöpfung zeigt, uns in allem, was uns begegnet, entgegenkommt. Ebenso hat Gott unbedingtes Interesse an allem, was unser Leben betrifft, weshalb auch kein Gebet zu weltlich sein kann. Die Kelten schlossen daher wirklich alles in ihr Beten mit ein.

"O Gott, sei du der Segen meiner Ernte,
segne jede Ackerfurche und Wiese, das bemooste Feld,
die geschwungene Form der Sichel,
jede Ähre, jedes Gebinde und meinen Ertrag,
jede Ähre, jedes Gebinde und meinen Ertrag.

Jedes Mädchen segne, die noch schwachen Jungen,
Frauen gemeinsam mit den zarten Kindern,
stelle sie unter den Schild deiner Macht,
und behüte sie in den Hallen der Heiligen,
und behüte sie in den Hallen der Heiligen.

Segne jede Ziege, jedes kleine Lamm, jedes Schaf,
jede Kuh, jedes Pferd und das Vieh in den Ställen,
umgib du schützend die Schar der Tiere
und führe sie sicher zu einer freundlichen Herde,
und führe sie sicher zu einer freundlichen Herde."[80]

Die tiefe Alltagsspiritualität, die in solchen Segen sichtbar wird, verbindet stets Achtsamkeit, Staunen und Dankbarkeit und lenkt unseren Blick immer in die Tiefe der Menschen, Tiere, Landschaften, Dinge und Situationen. Eine Bewegung des Geistes, die wir getrost als Erwachen bezeichnen können. Dabei spricht jeder noch so weltlich erscheinende Segen ebenso von Gott, auch wenn er diesen nicht explizit erwähnt, denn der Segen hat immer das große Ganze im Blick. Der *kleine Segen* führt uns zum *großen Segen*, der die Welt durchdringt und der nichts anderes ist als die göttliche Kraft der Entfaltung.

Gott ist segnendes Geschehen: Im tröstenden Gespräch zwischen guten Freunden, im Reichen einer helfenden Hand für einen Fremden, im Spaziergang mit einem Tierheim-Hund, im Lachen auf einer Familienfeier, in den trocknenden Tränen eines Witwers, in den staunenden Augen eines Kindes, das zum ersten Mal einen Bagger sieht. Überall geschieht Gott, *gottet* das Göttliche in der Welt, wird Gott vom Substantiv zum Verb, kommt aus dem transzendenten Sein in das immanente Wachsen und Werden. Entfaltung und Wandel ist daher der große Segen, ist daher Gott. Und das ist der Grund, warum der Segen Gott auch nicht als persönlichen Wunscherfüller oder universalen Supermarkt anspricht, sondern immer davon ausgeht, dass Gott schon alles auf seine Weise – durch seine ganz natürliche Entfaltung – tut, um das Leben zu fördern und so die Entfaltung eines jeden einzelnen Daseins zu ermöglichen.

> „Segne, o Gott, den Mond, der über mir scheint,
> segne, o Gott, die Erde unter mir,
> segne, o Gott, meine Frau und meine Kinder
> und segne, o Gott, auch mich, der sich um sie
>   kümmert.
>
> Segne, o Gott, das, worauf mein Auge ruht,
> segne, o Gott, das, worauf meine Hoffnung baut,
> segne, o Gott, meinen Sinn und Zweck,
> segne, o segne all das, du Gott des Lebens."[81]

Sprechen oder schreiben wir einen Segen, der andere ermutigt, auf ihr eigenes Wachstum zu vertrauen, so helfen wir Gott, seinen Job zu machen! Wir sind Teil der göttlichen Gegenwart, die an jeden einzelnen Menschen glaubt.

Und mit jedem Segen, den wir sprechen, begeben wir uns in eine tiefere Beziehung zum Leben, zur Welt und zu ihren Wesen. Wir nehmen eine Beziehung zu dieser Tiefe auf, zur sich in unendlicher Fülle entfaltenden Wirklichkeit, die wir vielleicht nicht immer verstehen, die uns aber immer trägt und die wir mangels eines besseren Wortes *Gott* nennen. Zugleich sorgen wir mit den Segen dafür, dass unsere Beziehung weiter werden darf, sich öffnet für uns selbst und andere, auch für die, denen wir vielleicht zuvor mit Misstrauen begegnet sind.

Menschen benötigen sowohl die Tiefe als auch die Weite. Wir müssen eintauchen können in das Geheimnis, wir müssen uns wundern dürfen und auch einmal ratlos sein, wir müssen uns berühren lassen vom Unbekannten, dessen Echo wir in unserem Inneren vernehmen, und ebenso müssen wir uns in die uns bekannte Welt ausstrecken, uns den sinnlich erfahrbaren Freuden dieser Welt zuwenden, dieses Geschenk Gottes in uns aufsaugen und dem freundlichen Antlitz der Erde zulächeln. In einem gewissen Sinne sind wir wie Bäume, deren doppelte Bewegung John O'Donohue so beschreibt: „Jeder Baum wächst gleichzeitig in zwei Richtungen: in die Dunkelheit und ins Licht hinaus, und zwar mit so vielen Ästen und Wurzeln, wie er benötigt, um sein wildes Verlangen zu verkörpern."[82] Dieses wilde Verlangen haben auch wir Menschen – das Verlangen zu wachsen, uns zu entwickeln und die zu werden, die wir sein mögen. Das dürfen wir uns und anderen zugestehen.

Ich frage mich oft, wie wohl eine Welt aussehen würde, in der wir einander beständig segnen, in der das Vertrauen in das Gute im Menschen und in der Schöpfung immer weiter anwächst und in der sich die Menschen wieder in diese Schöpfung verlieben. Wie wäre es, wenn wir die Heiligkeit um uns herum spüren würden, wenn wir den großen Segen in all den kleinen Segen, die uns täglich begegnen, wahrnehmen könnten? Wie wäre es, wenn die Menschheit eine wirkliche *metanoia* erleben würde, eine radikale Änderung ihrer Geisteshaltung (wie sie meist nur die Liebe zustande bringt), die uns dazu führen würde, die *Teilhabe an der Welt* über das *Beherrschenwollen der Welt* zu stellen? Was wäre, wenn wir unseren Nächsten mit neuen Augen sehen könnten? Wenn wir uns an dem erfreuen könnten, was uns jeden Tag aufs Neue geschenkt wird, anstatt ohne Rücksicht auf Verluste nach dem zu streben, was andere haben? Was, wenn wir den Segen miteinander feiern würden, anstatt zu versuchen, ihn einzig für uns selbst zu horten?

Ich glaube tatsächlich, dass dies eine Welt wäre, die Jesus mit all seinen Predigten und Gleichnissen im Sinn hatte.

Jesus – der nette Kerl von nebenan und der ganze Kosmos

Möge der Menschensohn
dich mit seinem Leben verwandeln,
dir zeigen, was es bedeutet,
ganz der Mensch zu sein,
der das Göttliche in seinem Herzen trägt
und ein Segen für die Welt ist.

Auch wenn Seán gern und häufig die Institution Kirche kritisiert, lässt er doch auf Jesus nichts kommen. Ich weiß noch, wie wir auf der Couch in der Hütte seines Bruders saßen und uns über die Menschen unterhielten, die einen nachhaltigen Einfluss auf uns ausgeübt haben. Seán sprach zwar auch über seinen Großvater, dessen Geschichten seine Kindheit in einen irischen Zauberwald voller Ritter, Göttinnen und Trolle verwandelt hatten, aber hauptsächlich sprach er über diesen einen Menschen aus Galiläa, der mit seinem Leben für etwas eingestanden war, was Seán alles bedeutet. Und ich weiß noch, wie sein Gesicht strahlte, als ich ihm erzählte, dass die wichtigste spirituelle Gestalt für mich ebenso Jesus von Nazareth sei. Ich kann auch mit dem historischen Buddha etwas anfangen, mich beeindruckt Laotse (falls es ihn denn jemals gegeben hat) und ich bin ein großer Freund von Epiktet, Seneca und Marc Aurel, doch die deutlichsten Spuren in meiner Seele hat definitiv Jesus hinterlassen. Das war mir selbst in den Zeiten bewusst, in denen ich mit dem Christentum nichts mehr zu tun haben wollte und in denen ich auch manchmal Institution und

Glaube miteinander verwechselt habe. Woher mag diese Faszination kommen? Neben der kulturellen Prägung, der langen Geschichte des Christentums, die in mir als Europäer nachwirkt, liegt es wohl hauptsächlich an der tiefen Menschlichkeit, die mir in Jesus begegnet und die mich inspiriert: seine Bereitschaft, *ganz hier* zu sein, sich gänzlich den Menschen in seiner Umgebung zuzuwenden und ihnen überzeugend darzulegen, dass das Reich Gottes schon mitten unter ihnen sei und durch jede liebende Tat mehr und mehr verwirklicht werde. Seine Weisheit, die er mit seinen Nächsten auf eine Art teilte, die diese nachvollziehen konnten, und die Herz und Geist zu transformieren vermochte. Sein eigenes großes Herz, in dem jeder Mensch Platz hatte, das auch die von der Gesellschaft Abgehängten zum großen Festmahl Gottes einlud und gemeinsam mit diesen ein großes und wunderschönes Bild der Gleichwertigkeit schuf. Seine Leidenschaft für eine Welt der Gerechtigkeit und seine große Gabe, jedem einzelnen Menschen zu vermitteln, von welch unverbrüchlichem Wert er oder sie sei. Ich glaube, wer Jesus traf und sich auf eine wirkliche Begegnung einließ, hatte danach das Gefühl, dass Gott seinen Namen kenne, ihn mitfühlend anblicke und von all seinen Hoffnungen, Wünschen und Ängsten wisse. Wenn man Jesu Gleichnisse und Predigten hörte, sah, was er tat und was er nicht tat, dann wusste man einerseits, dass Gott die Welt und die Menschen liebt und dass wirklich niemand alleine ist, und andererseits, dass wir Menschen zu so viel mehr in der Lage sind, als wir uns allgemein zutrauen. Jesus war gewiss nicht der Typ, der sich sagte: „Ach, ich allein kann ja doch nichts ändern …", wie wir das heute so gern von uns geben. Ich denke, er war eher derjenige, der die menschliche Not sah und augenblicklich eine helfende Hand reichte, ein tröstendes Wort sprach und jemanden in den Arm nahm, und dem die kleine positive Veränderung, die er in der Seele seines Gegenübers bewirken konnte, Lohn genug war. Er war niemand, der sich vor der Welt abschottete und sich dem Leiden verschloss. Viel eher war er, wie Richard Rohr sagt, „eine universale Botschaft der Verletzlichkeit"[83], der ohne zu zögern sein Herz für jeden öffnete. Er war in Kontakt mit seiner Seele und konnte daher der großen Melodie der Welt lauschen, die in jedem Stein, jeder Eidechse und jedem Menschen ertönt.

Mit jedem Herzen, das sich durch die Begegnung mit Jesus ein wenig öffnete, wurde das Reich Gottes ein kleines Stückchen größer oder wirklicher, wuchs der Segen heran, der von einem Menschen zum anderen weitergereicht werden konnte. Und ein weiterer sehr schöner Aspekt Jesu ist sein volles Zutrauen darin, dass wir Menschen wahrhaft fähig sind, diesen Segen weiterzugeben und das, was Jesus tat, und sogar noch mehr zu tun.[84]

Seán formulierte das mal ganz trocken: „Jesus ist der Prototyp der Evolution, in ihm können wir erkennen, zu was und zu wem wir alle werden können."

Diese elementar menschliche Qualität in Jesus wertschätzten auch die keltischen Christen, die ganz oft von Jesus wie von einem vertrauten Freund sprachen, der immer zur Stelle war, wenn man ihn brauchte. Er segnete die Milch der Kuh, er half beim Entzünden des Herdfeuers oder beim Beschlagen der Pferdehufe, er war in Zeiten der Trauer gesprächsbereit, er reichte die Hand, wenn das Leben schwierig war, er half beim Lenken des Bootes zu reichen Fischgründen.

„Wer ist die Gruppe bei meinem Ruder?
Petrus und Paulus und Johannes der Täufer.
Christus sitzt auf meinem Ruder
Und lenkt den Wind von Süden."[85]

Diese Vertrautheit äußerte sich auch in den Kosenamen, die die keltischen Christen für Jesus verwendeten. Manchmal nannten sie ihn *Mac Muire*, den Sohn Marias, so als wäre er jemand aus dem Nachbardorf, mit dem man schon das ein oder andere Pint geleert hatte. Ich muss mir immer vorstellen, wie so ein vierschrötiger irischer Schafzüchter beim Abendessen mit schnarrender Stimme und kaum verständlichem Akzent ausruft: *„Mac Muire, alter Haudegen, segne unser Stew und unseren Whiskey!"* Lebensnaher kann Religion wohl kaum sein.

Es gab auch noch andere Kosenamen wie beispielsweise *Mo Chroí bheag*, was so viel wie „mein kleines Herz" bedeutet, oder auch *A chuisle mo chroí*, was so viel heißt wie „der Schlag meines Herzens". Gerade letztere Bezeichnungen zeigen die zärtliche Nähe, die die keltischen Christen Jesus entgegenbrachten. Jesus ist so nah wie das eigene Herz. Diese Intimität kommt oft in Nachtgebeten vor, die um göttlichen Schutz in der Dunkelheit bitten:

„Ich lege mich in dieser Nacht nieder mit Gott
Und Gott legt sich nieder mit mir.
Ich lege mich in dieser Nacht nieder mit Christus
Und Christus legt sich nieder mit mir.
Ich lege mich in dieser Nacht nieder mit dem
    Heiligen Geist

Und der Heilige Geist legt sich nieder mit mir.
Gott und Christus und der Heilige Geist
Legen sich nieder mit mir."[86]

Die Kraft Jesu war für die keltischen Christen und Christinnen zum Greifen nah, sodass sie sich niemals alleine fühlten. Sie fühlten sich von einer göttlichen Macht umgeben, die sie mit Jesus verbanden und die sie bei jedem Schritt begleitete. Waren sie unterwegs in unwegsamem Gelände oder in gefährlichen Zeiten, so konnte dieser Jesus sie beschützen:

„Wenn du durch das Hochland streifst,
stadteinwärts gehst,
das ausgedehnte, weite Moor durchquerst,
wenn du abwärts schreitest,
dann behüte Gottes Sohn deinen Fuß um und um,
damit du sicher nach Hause kommst."[87]

Der Gefährte, Freund und Lehrer war einerseits der *Mac Muire* aus dem Nachbardorf, andererseits ganz klar der den Kosmos umspannende Christus, eine alles durchdringende und zeitlose Kraft, die sich im eigenen Alltag als ganz praktische Unterstützung manifestierte und gern in Begleitung aller möglichen hilfreichen Heiligen gedacht wurde:

„Ich werde das Herdfeuer entzünden,
Wie Maria es getan hätte.
Umschlossen von Brigid und Maria,
das Feuer, der Fußboden
und der ganze Haushalt.

Wer steht dort auf den blanken Dielen?
Johannes, Petrus und Paulus.
Wer steht dort an meinem Bett?
Die liebliche Brigid und ihr Schützling.
Wer sind jene, die über meinen Schlaf wachen?
Die unbescholten liebende Maria und ihr Lamm.
Wer ist das, dort neben mir?
Der König der Sonne, Er selbst ist es.
Wer ist das, direkt hinter mir?
Der Sohn des Lebens – ohne Anfang, jenseits der Zeit."[88]

Für die keltischen Christen war dieser kosmische Aspekt etwas Selbstverständliches und nichts, was ihnen Kopfzerbrechen bereitete. Brigida von Kildare war bei Jesu Geburt dabei; Taliesin war aus einem Getreidekorn, das Ceridwen verschluckt hatte, geboren worden; Gott war Person und gleichzeitig die Welt; die Druiden waren schon immer christlich ... – wer all das ohne Probleme in seinem Geist vereinen konnte, der hatte auch keine Probleme damit, dass Jesus als Christus schon vor der Schöpfung existierte oder zugleich Person und alles war.

Ein berühmter Text von St. Patrick, der manchmal als „Brustschild" und dann wieder als „Der Schrei des Hirschen" bezeichnet wird, lässt die Vorstellung von *Christus in allem* lebendig werden:

„Christus sei mit mir, Christus in mir,
Christus hinter mir, Christus vor mir,
Christus zu meiner Seite, Christus mich zu gewinnen,
Christus mich zu trösten und wiederherzustellen,

Christus unter mir, Christus über mir,
Christus in der Stille, Christus in der Gefahr,
Christus in den Herzen all derer, die mich lieben,
Christus im Munde von Freund oder Fremden."[89]

Dieser kosmische Aspekt Jesu hat eine lange Tradition, die schon in der Bibel gegründet ist: „Denn in ihm wurde alles erschaffen im Himmel und auf Erden, das Sichtbare und das Unsichtbare (…); alles ist durch ihn und auf ihn hin erschaffen. Er ist vor aller Schöpfung und in ihm hat alles Bestand."[90]

Der Christus, der kosmische Christus, ist bereits vor Jesus existent, ja selbst vor aller Schöpfung. Er ist Teil des Geistes Gottes, immateriell, ohne Größe, ohne Form. Weder dies noch das, sowohl alles als auch nichts.

Mit der Schöpfung wird auch dieser bislang formlose Christus manifest, ist lebendiger Kern allen Seins, bleibt aber verborgen und unbewusst. Erst mit Jesus von Nazareth wird auch der bewusste Christus geboren: Jesus ist sich der verbindenden Kraft bewusst, diesem Band zwischen Schöpfer und Schöpfung, diesem Geist, der sich in die Welt hinein ergossen hat, und kann in sich selbst die Gegenwart Gottes spüren: „Ich und der Vater sind eins."[91]

Ich denke, diese Idee des kosmischen Christus lässt sich heute besser mit dem Begriff Christus*bewusstsein* beschreiben, der in Analogie zum Terminus Buddha-Natur einen ursprünglichen Bewusstseinszustand meint, sozusagen das „Herz des Erwachens", das schon immer in uns schlägt, das aber meist von Schleiern der Illusion verdeckt ist. Es ist ein Zustand jenseits des Dualismus, ein Geist, in dem Gott und Welt, Gott und Mensch, Mensch und Natur nicht voneinander getrennt sind, sondern als Einheit gesehen werden. Das Christusbewusstsein ist die Stille der Mystik, eine Offenheit und Präsenz, die intuitiv versteht, dass wir bereits „in Gott" sind, wie es auch die biblische Überlieferung (vor allem Paulus) sagt.

Zu diesem Christusbewusstsein will uns Jesus mit all seinen Gleichnissen führen; wir sollen die Augen öffnen und eine neue Welt entdecken, bei der wir nicht mehr genau sagen können, wo wir aufhören und die Welt beginnt, wo wir uns nicht als abgetrennt erleben, wo wir nicht mehr wegsehen, wenn unser Nächster leidet, sondern seine Schmerzen als die Gottes und somit als die unsrigen identifizieren.

Jesus von Nazareth ist niemand, der eine vermeintliche Stärke daraus bezieht, sich über die Welt zu stellen und das übrige Sein als bloße Objekte zu betrachten. Er ist jemand, der tatsächlich stark ist, weil er sich der Welt hingibt, weil er wirklich liebt und sich weder für diese Liebe noch für sein Menschsein schämt. Er öffnet sein Herz und fällt in das Christusbewusstsein hinein, fällt in Gott und in die Einheit hinein.

Daher preist er die Menschen selig, die auch, wenn sie von Angst geplagt sind, weiterhin standhaft bleiben und dabei auf Hass und Gewalt verzichten.[92] Er spricht von dem „Vater", der im Verborgenen ist, der die Schöpfung vollständig durchdringt und damit überall und stets bei uns ist.[93] Und er spricht vom Vertrauen, das wir in die Schöpfung und unser Geborgensein in ihr haben dürfen, beantwortet Einsteins berühmte Frage, ob das Universum ein freundlicher Ort sei oder nicht, mit einem klaren und vor allem freudigen Ja.[94]

Darüber hinaus traut er, der sich selbst als „Menschensohn" bezeichnet, jedem und jeder von uns zu, dass wir selbst ein „Christus" werden. Jesus geht davon aus, dass jeder Mensch diese göttliche Qualität in sich trägt und verwirklichen kann. Daher geht es nicht darum, das Richtige zu glauben und dem richtigen Club anzugehören oder uns auf der richtigen Seite zu wähnen und uns somit für einen guten Christen zu halten, sondern vielmehr darum, in jedem Moment in tiefer Verbindung zum Göttlichen zu stehen, die Beziehung zu unserem Nächsten nicht abreißen zu lassen, berührbar und verletzlich zu bleiben, uns vom Wunder der Schöpfung in unserem Alltag *salben* (also heiligen, heil machen, ganz machen) zu lassen und damit zu einem echten Christus zu erwachen. Anders ausgedrückt: Uns nur ein Schild anzukleben, auf dem „Christ" steht, bedeutet noch lange nicht Jesus nachzufolgen. Aber das Christusbewusstsein in uns zu wecken und es tatsächlich zu leben, die Welt aus einem völlig anderen Blickwinkel wahrzunehmen und unseren Geist in der Welt und zugleich in Gott ruhen zu lassen, wird dazu führen, unsere Schritte achtsam in seine Spur zu setzen. Eine Spur übrigens, die nicht von uns verlangt, ihr für immer blind zu folgen, sondern die uns ganz natürlich auf unseren ganz eigenen Weg führen wird.

In diesem umfassenden Sinn als Jesus von Nazareth *und* Jesus Christus, als Bild Gottes, der uns Menschen entgegenkommt, wie ihn auch die Kelten gesehen haben, kann dieser Wanderprediger aus Galiläa zu einem echten Begleiter und zu unserem Geburtshelfer werden, der uns hilft, unser eigenes Christusbewusstsein zu entdecken und zur Welt zu bringen.

Wenn ich seine Frage „Ihr aber, für wen haltet ihr mich?"[95] auch als an mich persönlich gerichtet verstehe (und ich glaube, genau so sollte man diese Frage verstehen), dann kann ich sagen, dass Jesus von Nazareth für mich einfühlsamer Therapeut, stiller Revolutionär sowie Wanderer im Wunder ist, und vor allem jemand, der keine Angst hatte, verletzlich zu sein; jemand, der es nicht nötig hatte, eine falsche und verschlossene Männlichkeit vor sich her zu tragen, sondern dessen Herz offen war. Er ist ein Mensch, der die Welt an sich heranließ, der sich traute, sich berühren zu lassen, und der uns zeigt, warum das wichtig ist und was dies der Welt schenken kann. Aus der Betrachtung seines Lebensweges hat sich meine tiefe Überzeugung gebildet, dass mit einer Spiritualität, die uns nicht das Herz bricht, irgendetwas nicht stimmt. Wenden wir uns der Welt so zu, wie Jesus es getan hat, dann sehen wir neben all der Freude und Schönheit ebenso Ungerechtigkeit, Leid und Trauer, da wir die Welt nicht als bloße Fantasie erleben, sondern als Ort, an dem die Wirklichkeit stattfindet. Doch wenn unser Herz auf diese Weise bricht, erfahren wir auch eine große Zärtlichkeit der Welt und ihren Wesen gegenüber. Etwas in uns wird weich, bricht auf und wendet sich mit echtem und heilsamem Mitgefühl der Welt zu; eine göttliche Kraft im Sinne einer die ganze Welt umfassenden Kraft wird in uns wach. Unser Herz beginnt im Kirschbaum und in der Nachbarskatze zu schlagen, in der unterbezahlten Paketbotin und im Orang-Utan, der für billiges Palmöl aus seinem Lebensraum vertrieben wird. Es schlägt im Obdachlosen, der den Einkaufswagen mit seinen Habseligkeiten ratternd durch die Straßen schiebt, in der Rentnerin, die jeden Cent zweimal umdrehen muss, und auch in Jesu Herz, ebenso wie seines in unserem schlägt. Dann erkennen wir, dass das Christentum keine Religion ist, die kaum etwas mit unserer Welt zu tun hat, sondern im Gegenteil genau in der Mitte all ihrer Alltäglichkeit existiert und hier ihre Aufgabe hat.

Jesus ist somit für mich einerseits eine ungeheuer wichtige

historische Figur, die uns auf die Notwendigkeit von Nähe und Verletzlichkeit hinweist, und zum anderen jemand, der aufgrund seines Erwachens („Ich und der Vater sind eins" als Ausdruck eines verinnerlichten Verständnisses der Einheit mit allem Lebendigen) und seiner daraus gezogenen Konsequenzen den Titel Christus verliehen bekommen hat und somit als Mensch und als Symbol existiert. Weder als das eine noch als das andere muss ich ihn anbeten. Ich kann ihn aber in dieser Doppelrolle zu sehen und zu verstehen versuchen, und mich von ihm auf das größere Ganze hinweisen lassen, das in mir und allem anderen lebendig ist. Ich glaube nicht, dass er etwas anderes im Sinn hatte. Vielleicht kann man die doppelte Seinsweise als Mensch und Symbol besser verstehen, wenn man es mit einer Buddha-Statue vergleicht: So wie diese auch kein detailgetreues Abbild des historischen Buddhas ist, sondern ein Symbol der jedem Wesen innewohnenden Buddha-Natur, und somit über den Buddha hinausgeht, so ist Jesus Christus auch nicht einfach nur ein Bild des Jesus von Nazareth, sondern vielmehr ein Sprechen darüber, was es heißt, EINS zu sein.

Irische Wandersandalen und ihre Spuren

Mögest du auf deiner Wanderung
niemals verloren gehen.
Möge dich jeder Schritt in dein eigenes Herz führen
und dich das Göttliche im gewöhnlichen Kiesel am Wegesrand
erkennen lassen.

Über Seán kann man sich nur wundern. Nicht nur über seine Homilien, in denen sich biblische Motive an mathematische Überlegungen reihen, über seine Meditationen, in denen er das Bewusstsein der Menschen in Steine, Pflanzen und Tiere führt, oder über die Tatsache, dass er die seltsamsten Sprachen der Welt beherrscht (wer spricht schon fließend Gälisch und Suaheli?) und die meiste Zeit allein im Wald zubringt. Die meisten Menschen staunen auch über die Tatsache, dass er sommers wie winters ausschließlich in Sandalen unterwegs ist. Dabei können die ausgelatschten Schlappen gar nicht einfach genug sein: Eine Kork- und Gummisohle, darüber vorne ein Lederriemen, fertig.

Ich bin immer wieder verblüfft, wie er damit auch längere Strecken durch unwegsames Gelände meistert, wie eine katholische Bergziege über Geröllflächen flitzt oder einfach stundenlang über Waldwege neben mir herläuft, selbst wenn diese verschneit sind. Dann schaue ich manchmal an mir herunter, betrachte meine 200-Euro-Hightech-Boots und fühle mich irgendwie komisch.

Aber vermutlich hat Seán einfach das Wandern im Blut, ein

speziell irisches Erbe, das schon Generationen vor ihm auf Pilgerschaft geschickt hat.

Anders als die Benediktiner des Festlandes (und später die Zisterzienser und Trappisten), die die *stabilitas loci*, den beständigen Aufenthalt des Mönches an einem Ort, in ihrer Klosterregel festhielten[96], hatten die keltischen Mönche stets etwas Ruheloses an sich. Sie waren erfüllt von einer fast kindlichen Neugier, zogen umher und predigten das Wort Gottes an möglichst entlegenen Orten ihrer schönen und damals noch wirklich wilden Insel.

Vielleicht waren sie auch in diesem Bestreben von der Bibel inspiriert, wo Gott zu Abraham folgende Worte spricht: „Geh fort aus deinem Land, aus deiner Verwandtschaft und aus deinem Vaterhaus in das Land, das ich dir zeigen werde!"[97] Unter Umständen hatten die Iren auch einen Sinn für die Wanderschaft als Metapher des Lebens und der spirituellen Suche. Ihre Sehnsucht trieb sie hinaus in die Welt, in die Wälder ihrer Heimat (die es damals noch gab[98]) und in die Ferne jenseits ihrer Insel. Irgendeine spirituelle Sehnsucht trieb diese keltischen Christen an, und man könnte fast meinen, das deutsche Wort „Wanderlust" wäre eine irische Erfindung.

Den Iren war auch selbst nicht immer klar, was sie in die Welt lockte, aber ganz sicher waren sie sich darüber, dass ihre Reisen auf irgendeine Weise Gott dienten. Ein schönes Beispiel für diese Geisteshaltung ist die Antwort dreier irischer Mönche, die sich ohne Ruder und Proviant in ein kleines Boot setzten, übers Meer nach Cornwall trieben und dort von König Alfred gefragt wurden, was der Anlass ihrer Reise sei. Sie sagten: „Wir stahlen uns davon, weil wir um der Liebe Gottes willen auf Pilgerreise sein wollten, es war uns egal wohin."[99]

Ich denke, man kann die Reisen der irischen Mönche oder auch generell jede Pilgerfahrt als *Gottesdienst in Bewegung* bezeichnen. Voller Vertrauen darauf, dass Gott uns dorthin führen wird, wo wir gebraucht werden oder wo etwas zu lernen auf uns wartet, machen wir uns auf den Weg, erschließen uns den Sinn des Ganzen mit jedem Schritt und jedem Kilometer, lassen uns auf alles ein, was uns begegnen mag, und reisen so immer tiefer in das große Geheimnis hinein. Wenn wir wie die keltischen Christen davon ausgehen, dass Gott uns in allem berühren kann, dann ist die Pilgerreise eine Reise in uns noch unbekannte Gebiete des Herzens Gottes, in dem wir letztlich verwandelt werden. Dieser wahre Sinn der Pilgerschaft, die eigene *metanoia*, war den keltischen Pilgern stets bewusst. Sie wussten, dass uns das Unbekannte herausfordert und aufweckt, während uns die Gewohnheit oftmals einschläfert. Die *peregrinatio* war daher eine kontemplative Wanderschaft, die den keltischen Christen das Loslassen lehrte und sie zu einer absoluten Hingabe an das Geheimnis Gottes führte. Sie gingen hinaus in die Fremde und wurden dadurch ihrerseits selbst zu Fremden, die darauf angewiesen waren, die Güte Gottes durch die Hilfe anderer Menschen zu erhalten. Die christliche Tugend der Gastfreundschaft gewährte ihnen Unterkunft und Nahrung, ihr Vertrauen in die stetige Begleitung durch das Göttliche gab ihnen die Kraft, sich immer weiter auf das Unbekannte einzulassen.

> „Gott sei mit dir auf jedem Gebirgspass,
> Jesus sei mit dir auf jedem Hügel,
> der Heilige Geist sei mit dir auf jedem Strom,
> jeder Landzunge, jedem Höhenzug und jeder Wiese.

> Auf jedem Meer und in jedem Land, in jedem Moor
> und auf jeder Weide,
> bei jedem Hinlegen, jedem Aufstehen,
> In jedem Wellental, auf jedem Kamm der Woge,
> bei jedem Schritt, den du auf deiner Reise machst."[100]

Die keltischen Christen waren auf dem Weg. Nicht nur innerlich, sondern auch ganz konkret, indem sie einen Fuß vor den anderen setzten und sich die Schöpfung erwanderten. Für sie wurde die *metanoia* praktisch und mit jedem Schritt direkt erlebbar, wenn sie Gottes Ruf folgten, sich an einen anderen Ort zu begeben, den sie auch oft „den Ort der eigenen Auferstehung" nannten, den Ort ihrer himmlischen Heimat. Schutzlos und im übertragenen Sinne nackt, machten sich die Mönche auf den Weg, verzichteten auf Besitz und die Möglichkeiten, die ihnen ihr Kloster oder ihre Gemeinde bot. Sie ließen ihre Gewohnheiten hinter sich, auch ihre Vergangenheit, und starteten von einem Nullpunkt aus in ein völlig neues Leben. Sie wandten sich ab von dem, was sie kannten und was ihnen Sicherheit versprach, begaben sich freiwillig in die Unsicherheit, sozusagen in eine extreme Form des Anfänger-Geistes. Sie vertrauten dabei gänzlich der Zusage Gottes: „Wenn du durchs Wasser schreitest, bin ich bei dir, wenn durch Ströme, dann reißen sie dich nicht fort. Wenn du durchs Feuer gehst, wirst du nicht versengt, keine Flamme wird dich verbrennen."[101]

Manchmal wurde diese Pilgerreise ins Ungewisse auch als Martyrium bezeichnet, wobei drei verschiedene Arten unterschieden wurden: das grüne, das weiße und das rote Martyrium. Das Wort Martyrium klingt natürlich für uns, die wir in spirituellen Dingen auch immer gern Ausschau nach dem besten Wellness-Angebot halten, nicht besonders verlockend. Zuallererst bedeutet das griechische Wort *mártys* aber einfach nur „Zeuge" und meint im christlichen Kontext jemanden, der die Taten bzw. die Lehren Jesu bezeugen konnte. Da die Geschichte des frühen Christentums leider durch Verfolgung gekennzeichnet war und diese Zeugen daher recht häufig ihren Kopf oder andere Körperteile verloren, wenn sie in Gegenwart von andersgläubigen Herrschern oder deren Erfüllungsgehilfen von ihrem Gott sprachen, wurde das „Zeugnis ablegen" ziemlich schnell mit „den Löffel abgeben" gleichgesetzt. Die Geschichte hat so manchem Wort ihren Stempel aufgedrückt.

Den keltischen Christen war die ursprüngliche Bedeutung vielleicht noch bewusst, da sie das Martyrium in die drei genannten Arten differenzierten. Beim grünen Martyrium ging es darum, sich von der Gesellschaft zu separieren, sich zurückzuziehen in ein Leben, das ganz dem Gebet, der Kontemplation und der aktiven Nächstenliebe gewidmet war. Solche Einsiedler lebten außerhalb der Dorfgemeinschaften in einfachen Hütten oder Höhlen, wurden aber oft von den Menschen aufgesucht, um entweder Ratschläge bzw. geistliche Weisung zu erteilen oder um bei Fragen der Gesundheit mit ihrem Heilwissen zur Verfügung zu stehen. Hierzu zogen sie auch immer wieder von einem Ort an den anderen, immer dahin, wo sie meinten, dass Gott sie dort haben wolle. Dies war ein Leben, das die keltischen Christen von den Wüstenvätern kannten.

Das weiße Martyrium drehte sich um die Missionierung. Man begab sich auf Wanderschaft, verließ die Heimat und setzte über nach Britannien oder aufs Festland, um dort die Lehre Christi zu verkünden. Hierbei reiste man aber immer in Länder, in denen das Christentum bereits Fuß gefasst hatte und wo man als Mönch und geistlicher Lehrer eine gewisse Willkommenskultur erwarten konnte. Was heute vielleicht nicht sonderlich spektakulär klingt, war natürlich zu Zeiten der Spätantike bzw. des frühen Mittelalters eine ganz andere Sache, denn die Reisebedingungen waren weitaus beschwerlicher und gefährlicher.

Das rote Martyrium kann man sich letztlich ganz dem Namen entsprechend vorstellen, denn dabei reiste man in Länder, in denen das Christentum *noch nicht* angekommen war und wo man sich nicht durch den Rückhalt einer bereits bestehenden christlichen Infrastruktur sicher fühlen konnte. Man segelte also zum Beispiel in einer Nussschale nach Norwegen oder Dänemark, klopfte erwartungsvoll bei Hägar dem Schrecklichen an die Tür und sagte dann: „Schönen guten Tag, haben Sie schon Jesus Christus in Ihr Herz gelassen?" Sehr oft ging solch ein Abenteuerurlaub blutig aus. Warum die keltischen Christen so etwas auf sich nahmen, ist mir schleierhaft, aber irgendwie fanden sie, dass das eine gute Idee sei, und manche von ihnen sehnten ihren gewaltsamen Tod förmlich herbei. Vermutlich erwarteten sie dafür irgendeine Form des Lohns im Jenseits – ein seltsames Ansinnen für eine spirituelle Richtung, die doch im Gegensatz zum restlichen Christentum sehr am Diesseits orientiert war. Wenn man überall in der Schöpfung Gott erkennen kann, bleibt es mir ein Rätsel, warum man sterben will, um ihm noch näher zu sein … Nun, man muss vielleicht nicht alles verstehen, und es waren sicher auch nicht alle Mönche auf den eigenen Tod erpicht. Den meisten ging es tatsächlich wohl darum, in der Schöpfung Gottes unterwegs zu sein und die gute Nachricht der biblischen Lehren zu verbreiten.

Während das rote Martyrium keine nennenswerten Spuren hinterließ außer ein paar Kerben in den Streitäxten heidnischer Krieger, hatte das weiße Martyrium dagegen einen ungeheuer großen Einfluss auf das europäische Festland.

Da der Einflussbereich des Christentums sich mit der Ausbreitung des Römischen Reiches vergrößert hatte, wurde dieser nach dem Ende dieses Weltreiches ebenfalls kleiner. Ein so riesiges Reich wie das römische war irgendwann einfach nicht mehr zu halten, und selbst die gut ausgebildeten römischen Legionen konnten nicht überall gleichzeitig sein. Britannien und Germanien wurden für die Römer immer mehr zu einem Albtraum, die Stämme bewegten sich, ausgelöst durch Missernten und Hungersnöte, nach Süden und bedrohten immer mehr die Grenzen des Reiches. Schon im 2. Jahrhundert wanderten Kimbern und Teutonen bis nach Oberitalien, später machten sich auch andere Stämme auf den Weg, um ihr Überleben zu sichern. Der Einfall der Hunnen im 4. Jahrhundert tat sein Übriges, entweder durch direkte Vertreibung der germanischen Stämme, oder aber durch eine generelle Schwächung der Grenzen des Römischen Reiches, was die germanischen Stämme für sich zu nutzen wussten.

Um es kurz zu machen: Die Macht der Römer schwand und das europäische Festland wurde wieder wilder. Durch den Rückzug der Römer waren die christlichen Klöster und Bischofssitze nicht mehr wie gewohnt geschützt, manche Stammesfürsten sahen keinen Grund mehr, sich an das Christentum zu halten, und so bekamen heidnische Ideen wieder mehr Zulauf. Ohnehin hatte sich das römische Christentum hauptsächlich in den größeren Städten verbreitet, während die Landbevölkerung oft weiter ihrem heidnischen Glauben folgte. (Das

Wort *pagan*, was oftmals synonym zu heidnisch benutzt wird, kommt vom lateinischen *paganus*, was einfach Landbewohner bedeutet.) Da Irland, Wales und Schottland ohnehin dem Einfluss Roms stets ferngestanden hatten, traten hier keine so gravierenden Veränderungen im religiösen wie gesellschaftlichen Bereich zutage. Und so wurden diese Gebiete in der Folge zu wahren Refugien des Christentums, vor allem natürlich in seiner keltischen Ausprägung.

Die Wanderlust der irischen und schottischen Mönche sorgte dann dafür, dass das europäische Festland sozusagen von den britischen Inseln aus re-missioniert wurde. Etliche Missionare brachen auf, segelten nach Gallien und wanderten von dort weiter. Der Erfolgreichste unter ihnen war wohl Columban der Jüngere (auch Columban von Luxeuil genannt), der in Gallien unter dem Schutz des dortigen Königs das Kloster Luxeuil gründete. Irgendwann geriet er aber mit dem König in Streit (Columban der Jüngere hatte ziemlich starre moralische Ansichten) und musste Gallien verlassen. Er wandte sich nach einigen Umwegen in die Schweiz und gründete Gemeinschaften in Metz und Bregenz. Einer seiner Mönche, die ihn begleiteten, war ein gewisser Gallus, der in der Schweiz blieb, als Columban nach Norditalien weiterzog. Gallus gründete ein Kloster, woraufhin die Siedlung St. Gallen ihren Anfang nahm. Columban gründete indes das Kloster Bobbio in der Provinz Piacenza, welches später von Franz von Assisi besucht wurde und welches vielleicht Einfluss auf dessen Naturverständnis nahm.

Columban blieb bis zu seinem Tod im Jahr 615 in Bobbio und gründete keine weiteren Klöster mehr. Doch sein Beispiel inspirierte andere Mönche und legte das Fundament für viele weitere Gründungen. St. Kilian, ebenfalls ein Schüler Columbans wie Gallus oder auch Eustachius, reiste ebenfalls durch Europa und hinterließ bleibende Spuren. Er ist heute noch als Standbild auf der Mainbrücke in Würzburg zu sehen (in der Würzburger Universität lagern auch viele wertvolle irische Manuskripte) und ist ebenso der Namenspatron der Kilianskirche in Paderborn. In der Folge von Columbans Missionsreisen wurden etwa 300 weitere Klöster gegründet, meist „Schottenklöster" genannt, obwohl sie mit irischen Mönchen besetzt waren. Der kulturelle Einfluss der iro-schottischen oder keltischen Klöster war enorm und ist heute noch in Wien, in Regensburg, im Harz, im Thüringer Wald und an vielen anderen Orten auffindbar.

Diese iro-schottische Re-Missionierung ist also der Grund, warum Europa immer noch christlich geprägt ist. Ohne die Mönche, die sich von der grünen Insel aufmachten, um auf Pilgerschaft zu gehen oder das weiße Martyrium auf sich zu nehmen, hätte die religiöse Entwicklung Europas nach dem Untergang des weströmischen Reiches auch einen ganz anderen Verlauf nehmen können. Und ohne einen weiteren seltsamen Iren auf Pilgerreise durch Afrika, Kalifornien und Westfalen, würde ich selbst wohl auch dem Christentum ferner stehen.

Wenn ich mit Seán unterwegs bin, dann fällt mir auf, dass es mittlerweile in mir eine klare Unterscheidung zwischen Wandern und Suchen gibt. Während ich früher rastlos auf der Suche war und mir Hirn und Leben zergrübelte, um irgendeinen Ort, eine Idee oder eine Gemeinschaft zu finden, wo ich mich zu Hause fühlen konnte, so bin ich jetzt voller Freude ein heimatloser Wanderer. Gott als Werden der Welt hat mich hervorgelockt aus meinem Kopf, hat mich den Weg aus meinem

Kopf hinein in mein Herz nehmen lassen. Einen Weg, auf dem jeder Schritt mich mehr zu mir und gleichzeitig näher an die Schöpfung führt. Ich kann heute wirklich jeden Schritt innerhalb dieses großen Geheimnisses wertschätzen (auch wenn ich nicht immer alle Schritte verstehe), mich meiner eigenen Wanderung anvertrauen, ohne Angst zu haben, mich zu verirren. Wie J.R.R. Tolkien so richtig sagt, ist nicht jeder, der wandert, gleich verloren.[102] Wenn Seán mir wünscht, dass Gott mich zärtlich in der Schale ihrer Hände halten möge, dann weiß ich, dass diese Schale das ganze Erdenrund, ja den ganzen Kosmos umfasst und ich definitiv nicht aus dieser Schale herausfallen werde. Auch wenn es Tage gibt, an denen nichts zu stimmen scheint, weiß ich doch noch im größten Zweifel, dass dieser Zweifel *in Gott geborgen* ist. Dieser Zweifel ist nicht etwas, das mich von Gott entfernt, sondern etwas, das mich ins Gespräch mit der Welt bringt, ins Gespräch mit den Menschen und ihren unterschiedlichen Glaubensvorstellungen, mit den Tieren und ihren manchmal so fremdartig wirkenden Seinsweisen, mit den Pflanzen und ihrem rhythmischen Kreislauf aus Sterben und Neugeburt, mit den Bergen und ihrer stillen Präsenz. Ich spüre, wie mir alles zuflüstert: *Wir sind alle gemeinsam hier!* Jeder von uns ein Mosaiksteinchen in einem großen Bild, jeder von uns mit einer einzigartigen Farbe, jeder von uns absolut notwendig für das große Ganze und seine schillernde Buntheit. Und wenn wir alle unsere je eigene Farbe zum Strahlen bringen, indem wir auf unseren Wegen wandern, auf unsere Art leben, auf unsere Art versuchen, etwas Gutes in die Welt zu bringen, und auf unsere Art versuchen, in das Mysterium der den Kosmos durchdringenden Tiefe zu gelangen, dann bilden wir zusammen das, was manche von uns Gott nennen.

Dem Himmel sei Dank, bin ich kein Profi ...

Möge dein Leben mit der Kraft des Anfangs gesegnet sein,
möge jeder Atemzug dich neu mit dem Wind verbinden
und jeder Herzschlag der Beginn eines noch unbekannten
Tanzes sein,
der dich mit jedem Schritt, mit jeder Drehung
immer weiter in die Tiefe Gottes führt.

Mit Fußball konnte ich noch nie viel anfangen, was mich in Seáns Achtung immens steigen ließ. Fußball ist für ihn eine Sportart für winselnde Muttersöhnchen. Wenn ich ihn in Irland besuche, ist es dagegen immer Pflichtprogramm, mit ihm gemeinsam Hurling zu schauen, den irischen Nationalsport, den man im Grunde simpel zusammenfassen kann: Nimm einen steinharten Holzball, schlage ihn mit einem riesigen Löffel nach vorne, renn hinterher, walz alles platt und bugsiere ihn auf jede nur erdenkliche Art ins Tor! Irgendwie schien es mir, als sei Hurling eine andere Form von Rugby – und zwar die Art von Rugby, bei der jeder Spieler auch noch einen Knüppel dabeihat. Mit anderen Worten: Es gefiel mir. Und so saßen Seán und ich abends zusammen vor dem Fernseher und sahen zu, wie Diarmuid O'Sullivan wie ein Güterzug durch die gegnerischen Reihen bretterte oder Tony Kelly den Ball aus 70 Metern Entfernung ins Tor zimmerte. Seáns begeisterte Reaktionen waren dabei eigentlich noch lustiger als die Sache selbst. Dass Seán dieses doch recht brutale Spiel in seiner Jugend selbst mal gespielt hatte, konnte ich kaum glauben. Doch scheinbar war Hurling eine irische Ehrensache, die übrigens bis in die keltische Mythologie zurückreicht. Angeblich soll das erste Hurling-Spiel zwischen den *Firbolg*, einem mythischen Volk früher Einwanderer in Irland, und den *Túatha Dé Danann*, den späteren Invasoren Irlands, stattgefunden haben. Das Spiel hat also kriegerische Wurzeln, was man sofort glaubt, wenn man mal eine Partie sieht. In den Brehon Laws, der altirischen Rechtssprechung, die zwischen 600 und 900 n.Chr. aufgezeichnet wurde, findet man daher auch Gesetze zum Thema Hurling, bei denen darauf hingewiesen wird, dass man doch bitte niemanden beim Spiel töten solle. Immerhin.

Das wirklich Interessante beim Hurling ist allerdings eine eher kuriose Tatsache: Es gibt keine Profi-Liga. Alle Spieler haben ganz normale Berufe wie Büroangestellter, Feuerwehrmann, Kioskbesitzer etc.

Hier wird nicht wegen Geld und Werbeverträgen gespielt, sondern aus Leidenschaft, was man dem Spiel durchaus anmerkt. Während beim Fußball oft 22 Millionäre auf dem Platz stehen und eher lustlos den Ball hin und her schieben, gibt es beim Hurling stets nur eins: Vollgas nach vorn um der Sache willen, weshalb es auch als eines der schnellsten Spiele der Welt gilt. Die Spieler geben alles, rennen sich gegenseitig über den Haufen, dreschen mit ihren Schlägern ohne Rücksicht auf etwaige Verluste von Zähnen, Unterkiefern oder Gliedmaßen auf den kleinen Ball ein und flitzen unermüdlich auf dem riesigen Spielfeld herum.

Und danach gibt es keine Wellness-Oase mit Masseur und Physiotherapeut, sondern man sitzt montagmorgens mit blau geschlagenem Auge oder fehlendem Schneidezahn im Büro und trägt seine Wunden mit Stolz. Diesen Sport muss man einfach lieben!

An einem Abend lehnte sich Seán nach einem Spiel zurück, schlürfte an seinem Tanora und meinte seufzend: „Ach, wenn das doch nur überall so wäre …!"

„Keine Profis?"

„Ja, genau. Keine Profis. Niemand, der irgendeine Stellung zu verteidigen hätte, sondern nur Leute, die etwas zu geben haben und das aus Leidenschaft und gelebter Liebe tun."

Hurling als gelebte Liebe zu beschreiben, fand ich schon sehr bemerkenswert, aber ich wusste, worauf er hinauswollte. Als ich mal in einem Vortrag erwähnte, dass ich eine professionelle Priesterkaste für den Beginn des Niedergangs einer spirituellen Richtung betrachte, war Seán der Erste, der mir spontan zustimmte.

Es gibt eine schöne Geschichte, die das eindrucksvoll illustriert: Gott und der Teufel sitzen zusammen – irgendwo am Rande des Universums oder in einer Kneipe in Bottrop, ich weiß es nicht. Auf jeden Fall beobachten sie einen Menschen, der auf der Suche nach Weisheit ist und dabei in einer Wüste herumirrt. Gott sagt: „Ich wette um drei goldene Harfen, dass er findet, was er sucht." Und der Teufel erwidert: „Nee, niemals. Eher trinke ich ab sofort nur noch Weihwasser!" Sie beobachten den Menschen weiter, der sich plötzlich bückt und einen riesigen Diamanten aus dem Wüstensand birgt, sich wie Bolle freut und herumhüpft, weil er natürlich weiß, dass der Diamant in solchen Geschichten immer ein Symbol für die Wahrheit ist.

„Ha!", macht Gott voller Triumphgefühl. „Ich hab's doch gesagt! Jetzt siehst du aber alt aus …"

Aber der Teufel lächelt nur matt und meint: „Kein Problem. Ich werde ihm helfen, die ganze Sache zu organisieren!"

So ist das oft mit der Spiritualität: Jemand hat eine Erkenntnis, spürt, wie sich seine Seele öffnet, hat einen Einblick darin, was es heißt, wenn man eins mit der Welt und mit Gott ist – und dann versucht er es in Worte zu fassen, erzählt jemandem davon, der es seinerseits weiterträgt und in seinen eigenen Worten erzählt. Dann kommen andere auf die Idee, das alles aufzuschreiben, damit es für kommende Generationen bewahrt bleibt, wobei sie natürlich auch ihre eigenen Worte verwenden, um dem bis dato reichenden Stille-Post-Spiel noch eins draufzusetzen. Dann meinen andere, dass sie das Geschriebene besser verstehen als sonst jemand, und dass nur sie darüber bestimmen dürfen, wie das alles gedeutet werden darf und wie nicht. Sie schaffen es, sich selbst eine Sonderstellung einzuräumen, und um diese Stellung nicht in Gefahr zu bringen, verändern sie hier und dort das Geschriebene in ihrem Sinne, vereinheitlichen wertvolle Unterschiede der bisherigen Überlieferung, entscheiden darüber, was weitergegeben wird und was nicht. Und schon sind wir bei der professionellen Priesterkaste angekommen, die mindestens fünf oder sechs Schritte von der ursprünglichen Erkenntnis entfernt ist. Das stört aber niemanden, weil die Sache so schon rundläuft und man sich alles so zurechtbiegen kann, wie man es braucht und wie es dem eigenen Wohlergehen am meisten nutzt. Und ziemlich schnell finden sich diese Leute, die alles ganz genau wissen und sich selbst gern als Rechtgläubige sehen, in der Rolle des Großinquisitors von Dostojewski wieder, der dem zurückgekehrten Jesus erklärt, warum er gefälligst endgültig verschwinden und das Wirken der Kirche nicht stören soll.

Ob Jesus, *der ja noch nicht einmal Christ war,* wohl mit Robert Tilton, John Avanzini, Benny Hinn, Joyce Meyer und all den anderen Gebrauchtwagenhändlern des Glaubens zufrieden wäre? Ob er ein Wohlstandsevangelium gutheißen und sich über jeden Scheck freuen würde, der diesen Gestalten zugeht? Oder ob er unserem Papst Benedikt ein Facebook-Like gegeben hätte? Ich wage es zu bezweifeln.

Ist man erst mal der Meinung, man sei ein Profi, dann verfliegt der Anfänger-Geist recht schnell und man begeht einen fatalen Zirkelschluss: *Ich weiß es besser, daher bin ich hier der Profi ... und weil ich nun mal der Profi bin, sollte auch jedem klar sein, dass ich es besser weiß!* Kaum gedacht, muss man sich auch schon verteidigen, muss seine Lehre und seine Person unangreifbar und unfehlbar machen, damit einem niemand die Butter vom Brot nimmt.

Martin Luther wies 1520 in seiner Schrift „An den christlichen Adel deutscher Nation" auf das Priestertum eines jeden getauften Christen hin und berief sich dabei auch auf den ersten Petrusbrief: „Ihr aber seid ein auserwähltes Geschlecht, eine königliche Priesterschaft, ein heiliger Stamm, ein Volk, das sein besonderes Eigentum wurde, damit ihr die großen Taten dessen verkündet, der euch aus der Finsternis in sein wunderbares Licht gerufen hat."[103] Den Brief richtete der Apostel (oder wer immer ihn auch schrieb) an „die erwählten Fremden in der Diaspora"[104], also die Christen, die überall verstreut lebten – im übertragenen Sinne also an alle Christen in allen Ländern.

Deutlich wird sowohl bei Luther als auch schon beim Petrusbrief die Unterscheidung von Priesteramt und Priesterschaft. Ersteres bezieht sich auf einen exklusiven Club, Letzteres auf eine non-exklusive (und damit der christlichen

Grundidee viel eher entsprechende) Ermächtigung gläubiger Laien. Bei exklusiven Clubs halte ich es mit Groucho Marx, der in keinem Club Mitglied sein wollte, der jemanden wie ihn aufnehme.[105] Ich bin gern auf der Seite der Anfänger und derjenigen, die sich Glaubensinhalte selbst erschließen und die eher ihre Fragen als ihre Antworten mit anderen Menschen teilen möchten. Ich möchte mit Menschen das Geheimnis feiern und nicht meine Deutung des Geheimnisses, oder noch schlimmer: mein vermeintliches Wissen um dieses Geheimnis. Statt vorgefertigte Meinungen und Lehren zu existenziellen Fragen von mir zu geben, möchte ich lieber mein Nicht-Wissen eingestehen und gemeinsam mit Menschen, die des Trostes bedürfen, zusammensitzen, bei ihnen sein, mit ihnen schweigen, mit ihnen zusammen nach etwas suchen, was zumindest vorübergehend (also im Prozess) als Antwort dienlich sein kann. Ebenso möchte ich niemanden aus diesem Kreis ausschließen, weil er oder sie nicht meinen zusammengesponnenen Ansprüchen genügt.

Seán hat das stets ebenso gehalten und ist nun auch ganz offiziell von der Kirche in den Stand eines Laien versetzt worden. Als er das letzte Mal bei mir zu Besuch war, hatte er gerade den Brief seiner Laisierung aus dem Vatikan empfangen. Drei Seiten auf Latein. Selten so gelacht!

Und damit steht Seán heute in der langen Tradition von Laienpredigern, die außerhalb der Grenzen eines von Rom legitimierten Christentums versuchen, das zu leben, was ihnen als Essenz des Christlichen erscheint. Im Grunde hat sich für ihn nicht viel geändert, denn seiner Gemeinde ist es ziemlich egal, ob irgendjemand in der Glaubenskongregation meint, Seán sei befähigt ein Sakrament zu spenden oder nicht.

Mich selbst hat das auch nie interessiert, da bin ich wahrscheinlich spiritueller Anarchist, wie es die Wüstenväter einst waren. Wenn ich bei meinen Meditationsseminaren eine Eucharistiefeier anbiete, dann bin ich dabei gewiss kein Profi. Ich habe kein Priesterseminar besucht, ich habe noch nicht einmal mein Theologiestudium abgeschlossen. Und daher mögen es manche Menschen auch überhaupt nicht, wenn ich mit ihnen ein Abendmahl feiern möchte, da sie denken, dies dürften nur geweihte Priester. Ich kann es diesen Menschen nicht übelnehmen – wir leben nun mal in einer Zeit, in der man für alles und jedes irgendeinen Schein, irgendeine Erlaubnis, irgendeine Rechtfertigung einer übergeordneten Instanz erwartet. Doch ich muss auch immer wieder daran erinnern, dass es in den ersten Gemeinden, die sich nach Jesu Tod bildeten, überhaupt keine Profis gab. Niemand verfügte über die Berufsbezeichnung „christlicher Priester" oder über ein Zertifikat, das ihn als „Abendmahls-Practicioner" auswies und das er für viel Geld bei einem „Apostel-Instructor" erstanden hätte.

Die Eucharistie ist schließlich kein magischer Trick. Worum es wirklich geht, ist tiefe Achtsamkeit, ein Gefühl für das Wunder, ein Erfülltsein von Dankbarkeit und ein Herz voller Mitgefühl, das die Gaben Gottes und der Erde mit anderen Menschen teilen möchte. Und dazu ist ausnahmslos jeder Mensch imstande.

Gemeinsam erblicken wir im Brot den Leib der Erde und somit den Leib des kosmischen Christus, des Christus, der das All durchdringt und als wirkende Kraft überall spürbar ist. Wir erblicken ebenso das Getreide, die Sonne und den Regen, den Bauern und die Bäckerin, die Arbeit, das Miteinander, das Aufeinander-Bezogensein aller Anteile des Brotes. Wir haben ein

Stück einfachen Brotes in der Hand und schmecken das ganze Universum, wenn wir es in den Mund stecken.

Ebenso schauen wir den Wein mit neuen Augen an: flüssige Fruchtbarkeit der Erde und zugleich Symbol für das Blut, den Lebenssaft des Christusbewusstseins. Wir sehen auch hier die Mühen der Aussaat und der Ernte und spüren mit jedem Schluck, wie wir inmitten eines großen Kreises aus Leben stehen, in dem alles einander bedingt. Zugleich wird unser Herz geöffnet für das Leid, das auf der Welt existiert, für das Blut, das vergossen wird, wenn Menschen Gerechtigkeit und Frieden fordern, wie Jesus es einst tat. So werden Brot und Wein zu Chiffren des Reiches Gottes, das wir miteinander erschaffen, das uns staunen und dankbar sein lässt, das uns die Welt mit einer neuen verletzbaren Zärtlichkeit betrachten lässt, die sich in alltäglicher Liebe und alltäglichem Mitgefühl Ausdruck verschafft.

Dafür braucht es keine Profis. Dafür braucht es einfach Menschen, deren Glaube sie frei gemacht hat. Und diese Freiheit findet man im keltischen Christentum auf ganz besondere Weise ausgedrückt.

Tá mo Dhia saor – mein Gott ist frei

Möge dein Geist mit dem Wind reisen,
der frei über grüne Hügel dahinweht.
Möge der Rhythmus deines Lebens
wie die Brandung der wilden See erklingen.

In den letzten Jahren durfte ich viel vom keltischen Christentum lernen, konnte verinnerlichen, dass das Wesen Gottes der Wandel ist und dass sowohl mein Glauben als auch meine ganze Person ebenfalls von diesem Wandel durchwirkt werden. Ich fühle mich wirklich sehr gesegnet, Seán kennengelernt zu haben und mich immer wieder durch Mails, Telefonate, Skype-Gespräche oder persönliche Treffen mit ihm austauschen zu können. Er hat mich auf viele Dinge in der christlichen Tradition hingewiesen, die ich zuvor übersehen hatte, während ich ihn meinerseits durch nimmermüdes Nachfragen und die eine oder andere steile These herausforderte. Auch wenn wir nicht in allem einer Meinung sind, ist unsere Freundschaft doch etwas, was uns beide auf unseren je eigenen Wegen bereichert hat.

Gott als lebendiges Geschehen zu verstehen, als etwas, das sich in der Welt und durch die Welt und ihre Wesen zeigt, hat mein Verhältnis zum Göttlichen und zur christlichen Lehre verändert. Da dieses Geschehen pausenlos abläuft, ist meine Spiritualität nicht mehr auf meine Meditationszeiten begrenzt, wie es mir früher manchmal vorkam, sondern fängt eigentlich erst an, wenn ich von meinem Meditationskissen aufstehe. Wenn ich mich auf Begegnungen einlasse, wenn ich die Vögel in unserem Garten füttere, wenn ich mit den Hunden spiele, wenn ich ein paar Worte mit der Kassiererin im Supermarkt wechsele, wenn ich still unter einer alten Eiche sitze ... – in all diesen Momenten geschieht Gott, berührt mich das Göttliche, das in allem lebendig ist und mir entgegenkommt, um mich in jemanden zu transformieren, der sich in jedes Detail der Welt verliebt. Diese aus der Vermischung von Heidentum und Christentum hervorgegangene Überzeugung der Gleichwertigkeit allen Seins und ihr Ausdruck, den diese Überzeugung im keltischen Christentum gefunden hat, ist für mich unglaublich wichtig und ein bestimmender Faktor meines Lebens geworden. Es klingt vielleicht vermessen, aber ich sehe im keltischen Christentum einen Verweis darauf, was unserer Welt momentan fehlt, wie es auch mir gefehlt hat: ein wirkliches Gefühl für die Heiligkeit allen Lebens, das sich durch eine erweiterte Nächstenliebe aktiv ausdrückt!

Die keltischen Doppelklöster, in denen die Gleichberechtigung von Mann und Frau (auch auf religiöser Ebene) ganz selbstverständlich war, die intime Nähe zur Schöpfung und das Vermögen, in jedem Vogelruf, jedem Fuchsbellen und jedem Eichhörnchengekecker ein Gebet zu vernehmen, die Hinwendung zu den *anawim* der Gesellschaft und die damit einhergehende Kritik an der herrschenden Klasse sowie die leicht anarchistische Grundhaltung der keltischen Mönche, die unbeirrt ihren eigenen Weg gingen, auch wenn den Mächtigen das nicht in den Kram passte, sind für mich Beispiele einer Geisteshaltung, die meiner Vorstellung einer umfassenden und daher zutiefst christlichen Gerechtigkeit entsprechen. Für mich trat im keltischen Christentum noch einmal der revolutionäre Gehalt der christlichen Lehren hervor, den ich auch in der Bergpredigt und in vielen weiteren Äußerungen und Taten Jesu entdecke und der ansonsten leider oft unterschätzt bzw. verwässert wurde. Möglicherweise liegt das daran, dass wir diese Lehren von einer Institution organisieren und verwalten ließen, die wie die Fortführung des Römischen Reichs auf geistlicher Ebene wirkt und die somit naturgemäß eher am Erhalt des Status quo als an Umwälzung interessiert war. Peter Kropotkin sagte einmal wenig schmeichelhaft, dass der anarchistische Gehalt des Christentums verschwand, als es zu einer Kirche entartete.[106]

Das Christentum wird leider viel zu oft als moralisches Regelwerk und als Mittel zur Triebunterdrückung verstanden. Eine Annahme, mit der wir der Botschaft Jesu unrecht tun, der es meines Erachtens hauptsächlich um Freiheit geht. Jesus schenkt den Menschen, denen er begegnet, Freiheit von ihrer Scham, Freiheit von dem Gefühl der Schuld, Freiheit von limitierenden Konventionen. Er vermittelt ihnen, dass sie trotz ihrer Schwächen und Fehler von Gott angenommen sind; er nimmt Menschen an, wie sie sind, spricht ihnen Mut zu und weckt in ihnen ein tiefes Vertrauen in die göttliche Kraft, in das Heilige, das in uns wirkt. Bei ihm ist Gott niemals Herrscher (der für eigene Herrschaftsansprüche argumentativ missbraucht wird), sondern immer liebender *abwûn*, also Vater-Mutter-Kosmos. Dieser *abwûn* führt die Herzen der Menschen in die Freiheit, denn er spricht ihnen immer wieder zu: „Fürchtet euch nicht!" Über hundert Mal wird uns Menschen dies in der Bibel gesagt, werden wir aufgefordert, uns nicht einschüchtern zu lassen, sondern uns mit Hoffnung zu nähren. Wenn die Furcht weicht, kann Freiheit aufblühen!

Diese Freiheit im christlichen Sinne bedeutet auch, die

Freiheit zu haben, althergebrachte Traditionen zu hinterfragen. Jesus selbst geht uns da mit gutem Beispiel voran, wenn er beispielsweise in der Bergpredigt seine Ausführungen mit „Ihr habt gehört, dass zu den Alten gesagt worden ist ... Ich aber sage euch ..." beginnt.[107] Was dieser Einleitung stets folgt, ist eine viel weitere, das Herz öffnende Interpretation eines moralischen Gebots, bei der es nicht um buchstabengetreue Befolgung geht, sondern darum, zu tun, was das Herz schon längst weiß. Darum, zur Essenz vorzudringen und den eigentlichen Sinn des Gebots zu verstehen und in der jeweiligen Situation auf weise und mitfühlende Art zu leben. Auge um Auge ist eine Gerechtigkeit, die in Gewalt gefangen bleibt und nie diesen verhängnisvollen Kreislauf des Leids verlässt. Jesu Gerechtigkeit geht darüber hinaus und setzt auf Vergebung anstatt auf Vergeltung. Etwas, das letztlich wahrscheinlich viel mehr Kraft fordert, das aber auf lange Sicht eine echte Lösung bietet. Jesus vertraut hier ganz auf unsere Urteilsfähigkeit und auf die Weisheit, die schon in uns wohnt. Dieses Vertrauen ist Resultat seiner Freiheit, die wiederum in seiner echten Beziehung zum Göttlichen gründet. Er steht in Kontakt, lässt sich berühren, ist wirklich präsent, wirklich achtsam – etwas, wozu er auch uns immer wieder aufruft: „Seid also wachsam!"[108], „Wacht und betet!"[109], „Bleibt hier und wacht!".[110]

In Beziehung mit dem Göttlichen zu sein, tatsächlich achtsam zu sein, bedeutet auch immer, mit der Welt in Beziehung zu sein: mit der lebendigen, atmenden Schöpfung. Mit ihren Wesen zu Land, zu Wasser und in der Luft, aber auch mit der menschlichen Gemeinschaft als *polis*. Daher ist Spiritualität niemals unpolitisch, denn sie steht in sehr tiefer Weise in Bezug zur Welt, in der Entscheidungen getroffen werden, denen

Christinnen und Christen nicht gleichgültig gegenüberstehen können. Werte wie Gerechtigkeit und Nachhaltigkeit haben stets sowohl spirituelle als auch politische Aspekte. Das Leben in der *polis*, dem wir uns nicht wirklich entziehen können, führt uns zum anderen, zu seinen Rechten und seinen Grenzen. Erst dieses Miteinander-in-Beziehung-Sein macht uns zu Menschen. Wie Jürgen Moltmann schreibt: „Persönliches Leben ist Teilnahme am gemeinsamen Leben. Wir werden innerlich lebendig, wenn wir die Teilnahme anderer erfahren, und wir bleiben lebendig, wenn wir an anderen Leben teilnehmen. (...) Menschliches Sein kann als Interessiert-Sein definiert werden."[111]

In der Bibel finden wir unzählige Beispiele für dieses gerechte Miteinander, an dem Gott offenbar interessiert ist. Als Gott die Israeliten aus Ägypten führt (aus der Sklaverei in die Freiheit!), schenkt er ihnen Nahrung, die einfach so morgens für sie auf der Erde bereitliegt und die in der biblischen Erzählung zu einem wunderbaren Bild der Gerechtigkeit ausformuliert wird.

„Das ordnet der HERR an: Sammelt davon so viel, wie jeder zum Essen braucht, ein Gomer für jeden, entsprechend der Zahl der Personen in seinem Zelt! Die Israeliten taten es und sammelten ein, der eine viel, der andere wenig. Als sie die Gomer zählten, hatte keiner, der viel gesammelt hatte, zu viel, und keiner, der wenig gesammelt hatte, zu wenig. Jeder hatte so viel gesammelt, wie er zum Essen brauchte."[112]

Jeder erhält so viel, wie er benötigt. Nicht mehr und nicht weniger! Es gibt nicht einen, der mehr erhält, weil seine gesellschaftliche Stellung dies verlangen würde. Es gibt niemanden, der reicher, schöner, berühmter, wertvoller ist als die anderen und sich dadurch irgendwelche Sonderrechte erschleicht. Auch Moses, der ja immerhin den ganzen Treck organisiert und das Sprachrohr Gottes ist, bekommt genau das Gleiche wie die anderen. Und es geht noch weiter:

„Mose sagte zu ihnen: Davon darf bis zum Morgen niemand etwas übrig lassen. Doch sie hörten nicht auf Mose, sondern einige ließen etwas bis zum Morgen übrig. Aber es wurde wurmig und stank."[113]

Niemand darf etwas horten, es zurückhalten, um es später gewinnbringend zu veräußern oder Ähnliches. Es ist für den heutigen Tag gesorgt, alle haben genug. Und morgen, darauf können wir vertrauen, wird wieder für uns gesorgt werden.[114] Dieses Vertrauen ist Freiheit, die eventuell naiv klingen mag. Doch dass sie in unseren Ohren naiv klingt, liegt vielleicht daran, dass für uns grenzenloses Gewinnstreben und die daraus folgenden Ungerechtigkeiten mittlerweile zur Normalität geworden sind. Wir sind es aus unserer Geschichte gewohnt, dass Nahrungsmittel von den Mächtigen gehortet wurden, um damit das Volk unter Kontrolle zu halten, dass Felder verbrannt wurden, um in Kriegszeiten noch mehr Druck auszuüben, und wir zucken heute bestenfalls mit den Achseln, wenn riesige Lebensmittelkonzerne das Wasser aus armen Gegenden stehlen, um es an anderen Orten für enorme Profite zu verkaufen. All diese Praktiken stehen der christlichen Freiheit entgegen, untergraben das Vertrauen in die Schöpfung, in dem unsere Herzen eigentlich ruhen könnten. Daher brauchen wir auch heute wieder eine Tradition der Propheten, wie es sie zur Zeit des Alten Testaments gab, die ihre Stimme durch Kritik und beständiges Fragen als Gegenmacht erheben.

Wenn ich mit Seán über solche Themen spreche, wird er

immer ein bisschen traurig, hat er doch ausreichend Erfahrung mit Ungerechtigkeit: Die meiste Zeit seines Lebens verbrachte er in wirtschaftlich extrem schwachen Ländern, zuerst in Irland, damals das Armenhaus Europas, und danach in Kenia, wo ungefähr ein Viertel der Bevölkerung unterernährt ist und wo jedes Jahr Millionen Menschen an den Folgen verunreinigten Trinkwassers sterben. Spiritualität hat für Seán daher schon immer eine politische Seite. Für ihn wie für mich ist ganz klar, dass es zu wenig ist, wenn Religion nur tröstet – vor allem, wenn sich dieser Trost nur auf einen Lohn im Jenseits bezieht. Jesus hat nicht nur getröstet oder klug dahergeredet. Er hat das Brot geteilt – eine ganz einfache Geste, die aber klar sagt: *Ich bin bei euch!*

Obwohl Gott schon immer von den Mächtigen für ihre Zwecke missbraucht worden ist (wie oft hat schon irgendein Despot behauptet: „Gott will es"?), ist er in der Bibel stets aufseiten der *anawim*. Maria spricht bei der Begegnung mit ihrer Verwandten Elisabet, der Mutter von Johannes dem Täufer, auf ebendiese Weise von Gott: „Er stürzt die Mächtigen vom Thron und erhöht die Niedrigen."[115] Ganz so, wie Maria darauf vertraut, dass Gott Partei ergreift, nicht einfach teilnahmslos danebensteht, sondern aktiv wird, funktioniert es wohl nicht. Aber Gott als Geschehen wirkt in den Beziehungen, die die Menschen zum Heiligen in der Schöpfung haben, und lässt sie erkennen, dass eine Welt der Hierarchie, in der einige oben stehen und die Vorzüge genießen, die die Vielen, die unter ihnen stehen, erwirtschaften, nicht gerecht ist.

Eine Macht, die auf Unterdrückung basiert, wird daher irgendwann zusammenbrechen. Davon spricht auch Jesus, wenn er die Zerstörung des Tempels ankündigt: „Amen, ich sage euch: Kein Stein wird hier auf dem andern bleiben, der nicht niedergerissen wird."[116]

Überhaupt ist Macht etwas, das Jesus ablehnt. Als der Teufel ihm weltliche Macht anbietet, erteilt ihm Jesus eine klare Absage: Weder will er sich selbst erhöhen, noch irgendeine Macht für seine eigenen Zwecke missbrauchen, noch über irgendjemanden herrschen und Reichtümer horten. Vor allem will er für all diese Dinge nicht seine Seele verkaufen[117], etwas, womit so einige CEOs internationaler Konzerne heute keine Probleme zu haben scheinen.

Auch von seinen Jüngern erwartet Jesus ein egalitäres und kein elitäres Verhalten: „Die Könige herrschen über ihre Völker, und die Vollmacht über sie haben, lassen sich Wohltäter nennen. Bei euch aber soll es nicht so sein, sondern der Größte unter euch soll werden wie der Jüngste und der Führende soll werden wie der Dienende."[118]

Solche Sätze sind es, die sich sowohl die Wüstenväter als auch die keltischen Mönche sehr zu Herzen nahmen und die sie dazu brachten, ein ganz anderes Leben zu führen. Ein Leben fernab der Macht und nah bei denen, die Hilfe benötigten. Über Guaire, einen frommen Mann Irlands, der es jedoch nie in den offiziellen Stand der Heiligen schaffte, wird erzählt, dass sein rechter Arm länger als sein linker war, weil er ihn so oft in hilfreicher Weise den Armen und Randständigen der Gesellschaft entgegengestreckt hatte.

Ein traditionelles gälisches Gebet fasst diesen unbedingten Willen zur Barmherzigkeit und Solidarität in schönen Worten zusammen und bezieht sich dabei auf jeden Teil der Schöpfung:

„Alles, was wir je erhalten,
von dir kommt es, o Gott.
Alles, was wir je hoffen,
aus deiner Liebe gibst du es.
Entzünde in unseren Herzen
Eine Flamme der Liebe zu unseren Nächsten,
für unsere Feinde, für unsere Freunde,
für all unsere Lieben,
angefangen vom kleinsten Lebewesen
bis zum höchsten aller Namen.
Amen."[119]

Da Gott sich selbst als Werden der Welt und ihrer Wesen entfaltet, ist das Leiden *in der Welt* ganz schlicht das Leiden *der Welt* und somit auch das Leiden Gottes. Alles, was an Leiden erfahren wird, die ganze Summe des menschlichen, tierischen und auch pflanzlichen Leids, trägt zum Leid der Welt, zum Leid dieses werdenden Gottes bei, der Anteil an diesem globalen Schrecken aus Vereinsamung, Verzweiflung, Kriegen, Hunger, Kettensägen, Profitgier und Schlachthäusern hat.

Für dieses Leid offen zu bleiben und nicht die Augen vor ihm zu verschließen, fällt schwer. Es kann einen überfordern und depressiv werden lassen, und daher muss es wohl Grenzen geben, inwieweit wir uns ihm aussetzen können. Doch sich nur noch um die eigene Nabelschau zu kümmern und die Welt außen vor zu halten, kann sicher auch keine Lösung sein.

Paul Tillich verstand den Glauben als ein „Ergriffensein von dem, was uns unbedingt angeht"[120]. Und so zeigt sich Gott eben auch als die Sehnsucht nach Gerechtigkeit, die alle Menschen angeht und die sich weit über die menschliche Gemeinschaft hinaus erstreckt. Gott geschieht als Interesse am Nächsten, ganz gleich, wer oder was er ist. Solidarität kann nicht nur meine Familie betreffen, nicht nur die, für die ich Zuneigung empfinde, auch nicht nur diejenigen, die zu meiner Religion, meiner Nation oder meinem Geschlecht gehören. Ja, nicht einmal nur die, die zu meiner Spezies gehören.

Die Schöpfung (Gott in Kooperation mit der Erde) bringt zwar lauter Einzelwesen hervor, die in ihrer jeweiligen Einzigartigkeit bedeutsam und wertvoll sind, sie lässt diese jedoch nicht allein. Jedes Wesen ist in ein Netzwerk gestellt, lebt in Beziehung zum anderen und zu allem anderen.

Martin Luther King jr., der übrigens seine Dissertation über Henry Nelson Wieman, einen frühen Prozesstheologen, geschrieben hat, sagte treffend: „Die Ungerechtigkeit an irgendeinem Ort ist eine Bedrohung für die Gerechtigkeit überall. Wir sind gefangen in unausweichlichen Netzwerken der Wechselseitigkeit, die in das eine Gewand des Schicksals eingeflochten sind. Was auch immer einen direkt beeinflusst, beeinflusst alle indirekt."[121]

Diesen Gedanken finden wir auch im keltischen Christentum, in seiner Hinwendung zum Bedürftigen und seiner Wertschätzung der Schöpfung gegenüber. Moderne keltisch inspirierte Glaubensströmungen wie die ökumenische Gemeinschaft von Iona bringen diese Vorstellung vom alles miteinander verbindenden Lebensnetz in berührenden Gebeten zum Ausdruck, die *spiritus* und *polis* miteinander verknüpfen:

> „Wenn der Hunger anderer
> mich nicht schmerzt,
> wenn die Sorgen meines Nächsten

mich nicht berühren,
wenn die Nacktheit meiner Geschwister
mich nicht quält,
dann nützt all mein Frommsein nichts,
dann lebe ich umsonst.

Leben heißt, meinen Nächsten lieben
Wie mich selbst;
Dies gebietet mir Gott.
Liebe heißt, Taten vollbringen
Und nicht fromme Wünsche hegen.
Im Dienste des Lebens und der Liebe
zu leben heißt,
die Bedürfnisse meiner Geschwister
als meinige ansehen."[122]

Manchmal kann ein Gebet wehtun. Doch das ist der Geburtsschmerz einer größeren Liebe, die wir heute dringender denn je benötigen und die dem Christentum wieder seine revolutionäre Kraft zurückgeben kann. Diese Kraft führt zu Solidarität, zu Demut und Gewaltlosigkeit, zu Frieden und Versöhnung und einer Bereitschaft, mit allem, was ist (also mit jedem Aspekt Gottes) in Dialog zu treten. Diese Kraft ist es, die uns daran teilhaben lässt, das Reich Gottes mitten unter uns zu errichten, und die uns hilft, das Beste, was wir Menschen in uns tragen, zu verwirklichen. Manchmal müssen wir dafür dem Leid direkt ins Gesicht sehen, und manchmal führt kein Weg darum herum, sich selbst einzusetzen, aufzustehen und seine Meinung zu sagen, wie unbequem sie auch sein mag.

Es gibt Momente, da müssen wir das hinterfragen, was uns

selbstverständlich erscheint. Wie zum Beispiel auch das System von Leistung und Gegenleistung, auf dem ein Großteil unserer Gesellschaft beruht. *Ich tue etwas und werde dafür belohnt! Eine Hand wäscht die andere* und so weiter.

Jesus – und mit ihm das Christentum, wie es eigentlich sein sollte – ist ein menschgewordenes Gegenmodell zu diesem System. Er betrachtete das Leben als Geschenk und dachte daher eher in Kategorien von Dankbarkeit und Teilen und nicht in einer Aufrechnung von erbrachten oder nicht erbrachten Dienstleistungen. Weder Mitgefühl noch Liebe sind gute Buchhalter – sie geben mehr aus, als sie einnehmen. Doch zu unserer großen Überraschung werden diese Qualitäten dadurch nicht weniger – ganz im Gegenteil! Wenn wir mitfühlend und liebend handeln, dann fließt unser Herz über und in die Welt hinein – hinein in einen Kreislauf, der sich selbst erhält. Ganz so ist es im Reich Gottes: Alles wird geschenkt und existiert ohne Bedingungen.

Die christliche Idee der Gotteskindschaft (die die Vorstellung des liebenden *abwûn* als Grundvoraussetzung hat) und der daraus resultierenden Solidargemeinschaft ist daher ein Weg in die Freiheit und somit in sich ein Akt des Ungehorsams gegen jedwedes Imperium – ganz gleich, ob dieses Imperium nun Römisches Reich oder globalisierter Kapitalismus genannt wird. Ein von den Evangelien beflügelter Geist, ein Geist, der das Christusbewusstsein zumindest einmal geschmeckt hat, stört schon durch seine bloße Anwesenheit – die zeigt, *dass es doch eine Alternative gibt* – den vermeintlichen Frieden des Imperiums, das entweder meint, alles mit Gewalt beherrschen oder aber alles und jeden kaufen zu können.

Was wirklich zählt – sowohl bei Jesus selbst als auch bei den

Wüstenvätern, den keltischen Christen und letztlich in unserem eigenen Leben – ist, *gemeinsam eine neue Welt der Würde zu erschaffen.* Und mit diesem Ziel kann das Christentum wieder zur praktischen Lebensphilosophie der frühen Jesusbewegung werden und zurück in seine revolutionäre Kraft finden.

Wasser zu Wein

Möge der kleine Bach hinter deinem Haus,
wo der Eisvogel geduldig auf einem Weidenzweig ausharrt
und das Wasser über die glatten Kiesel fließt,
dir mit leiser Stimme zuflüstern:
Diese Welt ist ein Fest …
und du bist einer von Milliarden Ehrengästen!

Wenn ich mit Seán unterwegs bin, dann gibt es gute Gespräche, ernste Gespräche, tiefgründige Gespräche, theologische und politische Diskussionen, tiefes Schweigen und lange Meditationen, ab und an sogar mal eine Bibellesung. So weit erfüllen wir also alle Erwartungen, würde ich sagen.

Jenseits dieser Erwartungen ist aber auch eine Menge los, was ich nicht verschweigen möchte: Wir erzählen uns gegenseitig verdammt viel Blödsinn, lachen uns kaputt, treiben üble Scherze miteinander und schauen uns die verrücktesten Youtube-Videos an, was sich dann manchmal auch in Vorträgen oder Seminaren niederschlägt. Ich kann mich noch sehr lebhaft daran erinnern, wie Seán bei einem Abendvortrag in Frankfurt ständig meine Übersetzung mit einem schrillen „Silence! I'll kill you!" unterbrach, nachdem ich ihm am Nachmittag zuvor ein Video vom Bauchredner Jeff Dunham und seiner genialen Puppe *Achmed The Dead Terrorist*[123] gezeigt hatte. Gott sei Dank verfügten die anwesenden Zuhörer über einen ausreichenden Sinn für Humor, aber so was kann natürlich auch mal in die Hose gehen.

Was ich damit sagen will: Wir lassen es uns gut gehen und

haben bei allem, was wir tun, eine Menge Spaß. Richtig gutes Essen liegt uns auch beiden am Herzen, weshalb es auch immer besonders witzig ist, wenn die Inhaber eines Seminarhauses uns mit ihrer eigenen Gesundheitsideologie missionieren wollen. Einmal waren wir in einem Haus, wo offenbar Rohkost der letzte Schrei war. Zum Mittagessen auf der Gartenterrasse bekamen wir daher jeder eine riesige Schüssel mit Löwenzahnblättern und -blüten, Gänseblümchen, Kapuzinerkresse, Ringelblumenblüten und einigen anderen, für mich nicht zu identifizierenden, grünen Stängeln und Blättern serviert. Dass Seán in den 50er-Jahren in Irland aufgewachsen war und deshalb im Grunde gar kein anderes Gemüse außer Kartoffeln kannte (und auch nicht aß), machte die Sache auch nicht besser.[124] Jedenfalls bedankte er sich artig und schaute dann, als die Küchenjungs wieder verschwanden, ziemlich verwirrt auf seinen Teller.

„Was ist das?"

„Rohkost."

„Zum Essen?"

Ich musste laut lachen. „Ja, manche Leute mögen so was …"

„Also ich esse das nicht!" Er schüttelte ungläubig den Kopf und war ehrlich entsetzt.

„Und was machen wir jetzt?" Man will ja nicht unhöflich sein, wenn man schon eingeladen wird, aber es gibt natürlich Grenzen, die zu überschreiten einem schwerfallen. Und eine Löwenzahnblüte im Mund fühlt sich wirklich nicht schön an, wenn ich das mal so sagen darf.

„Wir können das ja auf die Wiese kippen, das fällt doch nicht weiter auf …"

Immer praktisch, der gute Priester. Wir lachten uns schlapp, erklärten dann aber dem Küchenpersonal, dass das doch nicht so ganz unsere Sache sei, und gingen aus Mangel an Alternativen in der dortigen Küche im nächsten Gasthof schlemmen. Aber wenn Seán jetzt bei uns zu Hause zu Besuch ist, drohe ich immer, ihn zum Mittagessen in den Garten zu schicken.

Lebensfreude und Genussfähigkeit sind urkeltische Tugenden. Daran, dass Jesus von seinen Gegnern als „Fresser und Weinsäufer"[125] bezeichnet wurde, hätte sich ein keltischer Christ nie gestört, ganz im Gegenteil. Jemand, der Wasser in Wein verwandeln konnte, wäre auf jeder Feierlichkeit gern gesehen gewesen. Noch beliebter war eigentlich nur die heilige Darerca, auch bekannt als Äbtissin Monnine von Killeavy, die diese Kunst Jesu zur Perfektion brachte, indem sie Bierkrüge segnete, die sich daraufhin von selbst füllten. Selbst nach ihrem Tod war diese Nonne des 6. Jahrhunderts noch ein echter Party-Knüller, sprudelte doch aus einer Quelle, die ihr geweiht war, plötzlich ebenfalls Bier statt Wasser.

Cormac Mac Ciolionain, ein keltischer König und Bischof, hielt ebenfalls viel von diesseitigen Freuden. In einer von ihm verfassten Klosterregel schrieb er: „Schickliches, gemütliches Feiern ist die Krönung jeder Arbeit, und wir können es nur loben."[126] Schickliches, gemütliches Feiern ... Man kann nur hoffen, dass der gute Cormac seine Einladungskarten nicht selber schrieb. Aber zumindest war ihm bewusst, dass Arbeit auch einen Ausgleich braucht, dass Anstrengung sich in Freude lösen darf.

Selbst die heilige Brigid war dem prallen Leben nicht abgeneigt, wie ein berühmtes Gedicht von ihr eindrucksvoll unter Beweis stellt:

„Ich möchte Gott einen See aus Bier schenken.
Auf dass die himmlischen Heerscharen für alle Ewigkeit genug zu trinken haben.
Ich möchte die Geschöpfe des Himmels einladen, mit mir zu leben,
zu tanzen und zu singen,
und wenn sie mögen, werde ich ihnen all mein Leid übergeben.
So werde ich den Himmel fröhlich stimmen,
denn mein glückliches Herz ist wahrhaftig.
Ich werde Jesus einladen,
ich wünsche mir, dass die himmlischen Geschöpfe
von überall her eintreffen,
und ich möchte ganz besonders die Frauen willkommen heißen,
die drei Marien von großem Ansehen.
Dann werde ich mit den Männern und Frauen des Himmels zusammensitzen.
Hier, an diesem See aus Bier.
Wir werden auf ewig Gesundheit trinken
Und jeder Tropfen wird ein Gebet sein."[127]

Wenn Jesus also tatsächlich mal auf die Erde wiederkehren sollte, dann wird er wohl erst mal Halt in Irland machen, um einen ordentlichen Humpen zur Brust zu nehmen.

Aber in Brigids Gedicht wird auch schon der tiefere Sinn des Feierns deutlich, um den es wirklich geht: In der Gemeinschaft mit anderen, in der gemeinsamen Freude, im aneinander interessierten Beisammensein ist eine große spirituelle Kraft verborgen, die uns als Teile der Schöpfung einander näherbringt. Wir rücken zusammen, teilen die Gaben der Erde miteinander und bekommen den anderen neu in den Blick. Daher ist das Feiern auch in der Bibel ein Bild für eine wachsende Liebe unter den Menschen, die sich über ihre Gemeinschaft untereinander und ihre Gemeinschaft mit dem Göttlichen freuen. Thomas Moore hat Jesu Fähigkeit, solch eine Feier mit einem Wunder zu unterstützen, brillant analysiert: „Die Verwandlung von Wasser in Wein steht für eine viel tiefere Art von Verwandlung im Geist des Menschen: dafür, dass sich Einfallslosigkeit zur berauschenden Vision wandelt. Das ist das zentrale Thema der Evangelien: Verändere deine Sichtweise und entdecke das Leben in seiner ganzen Fülle und Intensität."[128]

In diesem Sinne ist die Hochzeit von Kanaa ein freudiges Symbol für die *metanoia*, die Umkehr, die Änderung der Perspektive und das Teilnehmen an dem plötzlich viel weiter und größer gewordenen Leben. Wir sehen die Welt mit neuen Augen, nehmen das Wunder durch all unsere Sinne auf und fühlen uns auf neue Weise zugehörig. Das Heilige ist ganz plötzlich mitten unter uns! In unserer Gemeinschaft, in unserer Familie, in unserem Freundeskreis, selbst in unseren Begegnungen mit Fremden. „Schülerin oder Schüler Jesu zu sein heißt, auf jene Freuden aus zu sein, die die Wärme und Gemeinsamkeit zwischen den Menschen fördern"[129], führt Thomas Moore aus.

Wenn wir das Leben von Zeit zu Zeit auf diese Weise feiern, erkennen wir, dass diese Welt kein Jammertal ist, aus dem wir befreit oder erlöst werden müssten. Sie ist ein durch und durch guter Ort, dessen Schönheit unser Herz zu öffnen vermag, wenn wir es zulassen. Alistair MacLean, gälisch sprechender Pfarrer und Vater des gleichnamigen Thriller-Autors, schrieb zeit seines Lebens Gedichte, die stark von der keltischen Weltsicht beeinflusst sind und die oft etwas von der Freude atmen, die hier gemeint ist:

> „Wie die Hand zum Greifen und das Auge zum Sehen gemacht,
> So hast du mich zur Freude erschaffen.
> Schenk' mir den Blick, der Freude überall entdeckt:
> In des wilden Veilchens Schönheit;
> In der Lerche Melodie;
> Im Gesicht des tapf'ren Mannes;
> In eines Kindes Lächeln;
> In einer Mutter Liebe;
> In der Reinheit Jesu."[130]

Wir sind zur Freude erschaffen. Wenn das keine gute Nachricht ist ...

Eine Freude, die hier auf Erden ihren Ort hat und uns in der Welt der Schöpfung verwurzelt, uns in ganzheitlicher Weise zu unserem Nächsten und zum Mitgeschöpf trägt.

Auch Jürgen Moltmann betont, dass es einen diesseitigen Aspekt des Glaubens gibt, der nicht zu kurz kommen darf: „Der lebendigmachende Geist ist nicht nur der Geist des Jenseits, sondern auch die Kraft des Diesseits, nicht nur der Geist der Seele, sondern auch der Geist des ganzen Lebens. Also erwarten wir die Erweckung und das Erwachen unserer Sinne aus den Kräften dieses göttlichen Geistes."[131]

Dieser Geist zeigt sich in Menschlichkeit, in einem herzlichen Miteinander, in einer wirklichen Feier des Lebens und der Lebenskraft. Wenn man meint, man sei „zu spirituell" oder „zu heilig", um an solchen Dingen Freude zu empfinden, liegt das meist daran, dass man sich nicht traut, am Leben wirklich teilzunehmen. Man möchte sich nicht die Hände schmutzig machen, deshalb faltet man sie frömmlerisch vor der Brust und schwebt zwei Zentimeter über dem Boden daher.

Die keltischen Mönche waren nicht ausschließlich strenge Asketen, sondern dem Leben zugetan. Sicher gab es manche, die ihre Askese übertrieben, um „die Leidenschaften abzutöten" oder ähnlichen Vorstellungen hinterherzujagen. Aber die meisten konnten den feinen Unterschied zwischen der Fokussierung aufs Wesentliche sowie lebensbejahender Einübung ins Entdecken alltäglicher Wunder auf der einen Seite und Negierung der menschlichen Natur und Sinne mitsamt lebensverneinender Kasteiung auf der anderen Seite erkennen und somit Letzteres vermeiden.

Neben den sie inspirierenden Überlieferungen der Wüstenväter liebten die keltischen Christen vor allem die Psalmen, in denen auch oft von einer großen Freude die Rede ist, die sich – ganz dem keltischen Geist entsprechend – auch in der Schöpfung zeigt: „Der Himmel freue sich, die Erde frohlocke, es brause das Meer und seine Fülle. Es jauchze die Flur und was auf ihr wächst. Jubeln sollen alle Bäume des Waldes."[132]

Ähnlich sprachen die Propheten von der Freude des Menschen und des Landes: „In Freude werdet ihr ausziehen und in Frieden heimgebracht werden. Berge und Hügel brechen vor euch in Jubel aus und alle Bäume auf dem Feld klatschen in die Hände."[133]

Selbst Paulus, der manches Mal einen eher miesepetrigen Eindruck hinterlässt, spricht von der Freude als Ergebnis der Begegnung mit dem Heiligen Geist: „Die Frucht des Geistes aber ist Liebe, Freude, Friede, Langmut, Freundlichkeit, Güte,

Treue, Sanftmut ..."[134] Okay, Sie haben mich erwischt – da fehlt noch etwas bei diesem Zitat. „... und Enthaltsamkeit" habe ich unterschlagen. Aber das passt jetzt auch irgendwie nicht zum Thema. Keine Ahnung, was sich Paulus dabei gedacht hat.

Die keltischen Christen waren auf jeden Fall der Lebensfreude nicht abgeneigt, was wohl auch an der generellen Hingabe lag, die sie dem Leben entgegenbrachten, einem großen Vertrauen in den Prozess des Lebens und in das göttliche Geheimnis, das hinter diesem steht. Sie hatten die feste Überzeugung, immer und überall vom Göttlichen umgeben und gehalten zu sein. Was sollte also schon groß passieren?

Brendan der Reisende (etwa 484–577) und seine Begleiter waren beispielsweise oft ohne Ruder und Steuer unterwegs, ließen sich einfach von der See treiben und vertrauten darauf, dass sie dorthin geführt werden würden, wo sie sein sollten. Die rhetorische Frage „Ist Gott nicht unser Steuermann?" wird dabei dem einen oder anderen Besserwisser der Gruppe öfter mal gegenüber einem Zweifler über die Lippen gekommen sein.

Dabei ist die Grenze zwischen Vertrauen und Fatalismus natürlich dünn, aber die keltischen Mönche verstanden sich nun einmal ganz in der Nachfolge Jesu, dessen Worte „Nicht mein, sondern dein Wille soll geschehen!"[135] auch keine blinde Schicksalsergebenheit und damit verbundenes absolutes Nicht-Handeln sind, sondern als eine Hingabe an die Entfaltung des Augenblicks verstanden werden müssen – einen Augenblick, der stets Anfang, Mitte oder Ende eines bestimmten Prozesses bedeutet, und dem sich in den Weg zu stellen nicht immer sinnvoll ist. (Hier können wir Parallelen zum frühen

Taoismus sehen, in dem das Heilige auch mehr ein prozesshaftes Fließen ist, ein Strom, in dem wir uns mitbewegen.)

Dieser Prozess der Hingabe an den Augenblick führt uns zu einem weiteren Thema, wobei es Ihnen vielleicht auf den ersten Blick seltsam vorkommen mag, warum wir das in einem Kapitel über Freude und Feiern besprechen.

Doch die Hingabe, die Freude in uns weckt und das Feiern des Lebens überhaupt erst möglich macht, kann auch in der Kontemplation deutlich werden, deren Stille demjenigen Raum gibt, was gerade jetzt geschieht.

Eine kontemplative Praxis zu kultivieren, heißt ganz bewusst zum Prozess des Lebens in Beziehung zu treten, sich vertrauend darauf einzulassen und diesem Prozess als unvoreingenommener Zeuge achtsam beizuwohnen.

Uns wortlos in den Augenblick zu versenken und wirklich ganz hier zu sein, zeigt unsere Bereitschaft, uns vom Geheimnis verwandeln zu lassen und an der großen Festtafel, die Gott (als Werden der Welt) uns bereitet, Platz zu nehmen. Dort sitzen wir, ohne uns zu verstellen, sind still und müssen uns weder beschreiben, definieren oder rechtfertigen, noch müssen wir uns das momentane Geschehen selbst erklären. Wir öffnen uns einfach, zeigen uns dem Leben, zeigen uns Gott und haben Anteil an allem. Wir sind gänzlich nackt, bloßgelegt vor dem Geheimnis, müssen nichts verstecken, sondern können einfach der sein, der wir sind.

In dieser Stille werden wir durchlässig, ebenso wie die Welt für unseren Geist durchlässig wird. Wir werden im positiven Sinne „leer", sind nicht mehr ein spezieller Jemand, der die Welt nur auf eine bestimmte Art wahrnehmen kann. Wir sind nicht mehr nur unser Ego, das sich auf eine einzige Art in der

Welt verortet. Wir sind frei, wie Gott es ist, der als großer Segen die Welt durchflutet. Unsere Stille, die gemeinsam mit Gottes Stille koexistiert, fällt kein Urteil, sondern gibt Raum, sie lässt die Dinge und die Menschen so sein, wie sie sind, und lässt in uns ein Gefühl dafür aufkommen, dass wir alle aus der Quelle des ursprünglichen Gutseins stammen. Und so wird in dieser Stille eine tiefe liebevolle Ehrfurcht wach, für die es ausgerechnet im Walisischen ein treffendes Wort gibt. Auch wenn die Waliser ansonsten zu wahren Wortmonstern neigen, haben sie für manches, wofür wir ein ganzes Wörterbuch brauchen, recht simple und überraschend kurze Wörter: *hud* (ausgesprochen: hiet) ist da ein gutes Beispiel. Wörtlich übersetzt heißt es Magie und meint Ergriffensein, Respekt und vor allem Staunen. Staunen über das Wunder der Natur, über die Göttlichkeit, die in allem sichtbar wird, über das Leben, das sich Bahn bricht und in Abertausenden Spielarten das Heilige offenbart. Will er all das ausdrücken, sagt der Walise einfach *hud*.

Hud beschreibt einen ganzen Prozess von Achtsamkeit, Wahrnehmung, Staunen und Dankbarkeit, kurz gesagt also von Liebe, die ja auch etwas von Magie hat, womit wir wieder bei der Ursprungsbedeutung des walisischen Wortes wären. Sich in den Zauber der Schöpfung zu verlieben, ist eine Bewegung des Herzens, eine Bewegung auf die Wirklichkeit zu, eine Bewegung in die Freude und in die Freiheit hinein. Mir erscheint heute kaum etwas so wichtig wie dieses Gefühl von *hud*, das wir durch eine überschäumende wie auch durch eine stille Feier des Lebens in uns hervorlocken können.

Am Sonntag geht Gott angeln

Möge der große Segen
dich in die Stille führen
und dein Herz
mit der Heiligkeit des Augenblicks erfüllen.

Wenn in einem irischen Dorf der Sonntag beginnt, dann kramen die Leute ihre gute Garderobe heraus und gehen in die Kirche, wo sie dann einen Gottesdienst über sich ergehen lassen, der mit dem keltischen Christentum leider so gut wie gar nichts mehr zu tun hat. Neben Brasilien und Polen ist Irland wohl eines der katholischsten Länder, die es auf der Welt gibt; hier gibt es die vom Vatikan abgesegnete Version des Christentums und sonst nichts.

Nach allen Querelen um Pelagius, um das Osterdatum, die Tonsur der Mönche, die Doppelklöster und die grundlegende Struktur der Gemeinden, hatte sich letztlich doch das römisch-katholische System durchgesetzt. König Oswiu von Northumbrien rief im Jahre 664 die Synode von Whitby ein, zu der sich Vertreter der keltischen wie auch der römischen Kirche einfanden und miteinander diskutierten, wobei die römische Delegation hauptsächlich Argumente vorbrachte, die sich um eine notwendige Einheitlichkeit der Kirche drehten. Überall, so sagten sie, müssten Gläubige die gleichen Riten und Praktiken vorfinden – etwas, was mich ganz und gar nicht überzeugt, ich ehrlich gesagt sogar als völlig unsinnig erachte, was König Oswiu aber durchaus schlüssig fand und daraufhin beschloss, dass die keltische Kirche sich dem römischen Ritus in allen Belangen anzupassen habe. Natürlich funktionierte das nicht von heute auf morgen, und viele Mönche und Priester folgten weiter ihren keltischen Überzeugungen. Aber nach und nach verschwanden diese. Aus dem britannischen Gebiet wurden keltische Priester verbannt und 670 folgte eine Synode in Autun in Gallien, die ein ähnliches Ergebnis erbrachte. Fortan galt in den keltischen Klöstern die Benediktregel, während die Klosterregel Columbans des Jüngeren in Vergessenheit geriet.

Im 8. Jahrhundert gab es dann nochmals eine Erstarkung des keltisch-christlichen Glaubens, als die sogenannten *Culdeer, Culdees* oder *Célí Dé* (manchmal auch *Cele De* geschrieben) versuchten, ihr keltisches Erbe wiederzubeleben, und zum Wesentlichen des Christentums, wie sie es verstanden, zurückkehrten. Sie lebten in Gemeinschaften zusammen, die sich wohl hauptsächlich am Laienmönchtum (*servi Dei* wie Pelagius) orientierten und sich um Kranke und Pflegebedürftige kümmerten. Hierbei zeigten sie eine große Unabhängigkeit gegenüber Rom, traten stets für ihre besondere Form des Glaubens ein und siedelten sich nicht nur in Irland, Schottland und Wales, sondern auch im Rest Britanniens sowie vermutlich in Island und auf den Shetland-, Orkney- und Faröerinseln an. Manche Forscher vermuten sogar, dass einige Culdees den Atlantik überquerten und in der Neuen Welt siedelten, wofür einige typisch keltische Bienenkorbhütten (Hütten aus aufeinandergestapelten Steinen, die wie große Bienenkörbe aussehen und in denen die keltischen Einsiedler lebten) sprechen, die in Neuengland entdeckt wurden. Letztere Vermutungen sind aber bislang historisch alles andere als gesichert.

Ab 816 wurde es den Culdees in Britannien verboten zu predigen, was aber dennoch einige von ihnen noch etliche Jahre taten. Doch ein Land nach dem anderen kam nun unter die Herrschaft von römisch-katholischen Königen und führte daher auch den römischen Ritus als einzig legitimen Weg ein. So dünnten sich die Culdees langsam aus und verschwanden letztlich.

1172 rief Henry II. die zweite Synode von Cashel ein, auf der dann das keltische Christentum endgültig zu Grabe getragen wurde. Und 1220 wurde das heilige Feuer der St. Brigid von Vertretern der römisch-katholischen Kirche gelöscht, ein Feuer, das bereits zu vorchristlichen Zeiten als Verehrung der Göttin Brigid entzündet und dann von den Nonnen um Brigida von Kildare gehütet worden war, also über Jahrhunderte ununterbrochen gebrannt hatte.

Und das war's dann vorerst mit dem keltischen Christentum.

Wenn jetzt also die irischen Dorfbewohner mit ihren abgetragenen schwarzen Anzügen und Faltenröcken in die Kirche schlichen, dann nahmen sie – Entschuldigung, ich kann es nicht anders ausdrücken – an einer Zeremonie der Unterdrücker ihrer geistigen Freiheit teil. Fast so, als würde ein tibetischer Mönch plötzlich Maoist werden. Schon irgendwie seltsam.

Zum Glück hat Seán ohnehin nicht viel für Gottesdienste übrig. Ich vermute, er hat genug Homilien selbst gehalten, als dass er sich noch welche von anderen Priestern anhören wollte. Und so machte er an einem Sonntagmorgen den Vorschlag, statt zur Kirche lieber zum See zu gehen und dort zu angeln. Ich persönlich bin ja nicht so ein Angelfreund. Erst mal möchte ich keinen Fisch ausnehmen und zweitens mag ich ihn auch nicht essen. Aber im Gegensatz zu einer Predigt, von der ich kein Wort verstehen würde, und Orgelmusik, von der ich Ausschlag bekam, erschien mir das Angebot eines Angelausflugs doch verlockend.

Seán packte eine winzige Tasche und stand kurz nach meinem zustimmenden Nicken schon an der Tür.

„Nehmen wir denn gar keine Angeln mit?", fragte ich.

„Ach was, Unsinn …", meinte Seán. „Die basteln wir uns am See selber."

Aha. Huckleberry Finn war also letztlich katholischer Priester geworden. Wer hätte damit gerechnet?!

Wir gingen also los, ließen das Dorf hinter uns und begaben uns zu einem malerisch gelegenen See, wo ein kleines Ruderboot am Ufer lag, das einem Freund von Seán gehörte und das wir benutzen durften. Seán schnitt ein paar gerade Äste ab, band ein Nylonband, das er in seiner ominösen Herrenhandtasche mitgebracht hatte, an das Ende, knotete ebenfalls mitgebrachte Haken, die mir verdächtig nach zurechtgebogenen Büroklammern aussahen, ein und setzte sich ins Boot. Ich schob ihn raus, sprang ins Boot und schnappte mir die Ruder. Ganz gemächlich glitten wir auf den See und ließen das Boot dann treiben.

Seán warf seine Angelschnur ins Wasser.

„Kein Wurm oder so?"

„Nee, braucht man nicht unbedingt …"

Ich musste schmunzeln. Es ist nun wirklich nicht so, dass ich Ahnung vom Angeln gehabt hätte, aber ich vermutete mal, dass es so sicher nicht funktionieren würde. Es kam mir eher so vor, als sei das angebliche Angeln nur ein Vorwand dafür, einfach in einem Boot zu sitzen, die Sonne zu genießen und nichts zu tun. Also taten wir genau das.

Seán saß mir in diesem kleinen Boot gegenüber, während sich die Fische im See über unsere Angelversuche schlapp lachten, und zitierte plötzlich aus der Carmina Gadelica:

> „Ich werde mit einem Ruder in meiner Hand dort sitzen
> Und werde siebenhundert und sieben Schläge rudern.
> Ich werde meinen Haken hinablassen,
> Und den ersten Fisch, den ich fange
> Im Namen Christi, dem Herrn der Elemente,
> sollen die Armen bekommen, so wie Er es gewollt hätte.
> Und der König der Fischer, der tapfere Petrus,
> wird mir danach seinen Segen gewähren."[136]

„Der See ist ja zu klein für siebenhundert Ruderschläge", erwiderte ich, „aber den Segen bekomme ich hoffentlich trotzdem."
„Ja", lachte Seán, „sogar, wenn du nichts fängst. Das ist das Gute an Gott: Dem geht's nie um Leistung!"
Die Stille auf dem kleinen See war wunderschön. Ich konnte meine Gedanken umherschweifen lassen, konnte sie verstummen und wieder erklingen lassen. Ich konnte einfach eine Weile ihrem Fließen zusehen, konnte mich zu noch nicht Gedachtem führen lassen und brauchte mich mit keinem einzigen Gedanken zu identifizieren. Das Boot knarrte ein bisschen, ab und an schnappte ein Fisch nach einer auf dem Wasser herumtaumelnden Mücke und verursachte dabei ein leises Platschen, und dann umschloss mich wieder die Stille. Ich brauchte gar nicht zu meditieren, denn Meditation geschah einfach, während Gott in uns und mit uns angeln ging, während er oder sie der See war, die Angel, der Fisch, der unsere Haken sah und amüsiert weiterschwamm, die Mücke und das Platschen

und Knarren, die Stille und die Luft in unseren Lungen, unser Herzschlag und der Herzschlag der Welt.

Stille hält vielleicht nicht alle Antworten bereit, aber sie lässt Raum für den gegenwärtigen Moment. Und das ist mehr als die meisten religiösen Strukturen erlauben.

Religionen behaupten oft, einen Weg anzubieten. Doch einen bereits fertigen Weg, den jeder Mensch beschreiten kann, der in der Lage ist, die Landkarte der von der Tradition vermittelten Glaubenssätze zu lesen, gibt es nicht. Was Religionen tatsächlich können, ist den Menschen zu helfen, ihren ganz eigenen Weg zu entdecken bzw. ihnen die wunderbare Mischung aus Geborgenheit und Weite zu schenken, die dazu führt, dass wir uns trauen, unseren Weg durch unsere eigenen Schritte zu erschaffen. Und so muss sich m.E. auch das Christentum ganz im Sinne von Karl Barth als *theologia viatorum* verstehen, als eine unfertige Religion der Pilger, als eine Religion, die selbst auf dem Weg und sich ihres lückenhaften Verständnisses über Gott und die Welt bewusst ist.

Daher ist die Mystik (die Spiritualität „von unten", die in der Stille stattfindet) für jede Religion so wichtig, denn sie untergräbt die Idee, mit dem Finger auf Gott zeigen und sagen zu können: „Da ist Er!" Mystik dekonstruiert auf sehr heilsame Weise (eine Weise, die in die Reife führt) sowohl das „Da" als auch das „Er" und lässt einzig und allein das „Ist" übrig. Ein „Ist" als Sein und Werden, als Entwicklung und Veränderung, das weder genau lokalisiert werden kann, da es wirklich überall stattfindet, noch Definitionen des *Wie* im Sinne von „So und so ist Gott" (z.B. feminin oder maskulin, für uns und gegen unsere Feinde etc.) zulässt, sondern stets nur auf das Große Geheimnis, auf eine nährende Tiefe verweist.

Im Innersten dieser Tiefe ist der Wandel zu Hause. Ein Wandel, der für alles auf der Welt wichtig ist und der sich auf viele verschiedene Arten zeigt. Er zeigt sich in den Jahreszeiten, im Wechsel von Keimen, Blühen, Reifen, Verblühen, Absterben und Rückzug, bevor der Kreislauf von vorne beginnt. Er zeigt sich in der evolutionären Entwicklung der Lebewesen, die sich an immer neue Lebensbedingungen angepasst haben; er zeigt sich in unseren verschiedenen Lebensphasen, von Geburt, Kindheit, Jugend, Erwachsensein, Alter und langsamen Dahinscheiden, in Phasen, in denen jeweils andere Dinge für uns Bedeutung haben und die uns durch ihre je eigenen Herausforderungen prägen. Er zeigt sich im Wandel unseres Glaubens, der im besten Falle heranreift und uns immer mehr in die Freiheit führt, und er zeigt sich ebenfalls in der wachsenden Wertschätzung, die wir diesem Prozess entgegenbringen können.

Als ich in diesem kleinen Boot auf dem See herumdümpelte, mir die Sonne ins Gesicht schien und dieser alte keltische Priester mir gegenübersaß, wurde mir klar, dass meine Glaubenskrise das Beste war, was mir seit Langem passiert war. Das Christentum hatte sich in mir zurückgezogen, weil ich den vielen, die sich als rechtgläubig betrachteten, nichts mehr abgewinnen konnte, weil ich denen, die sich hinter ihren Dogmen verschanzten, keinerlei Vertrauen entgegenbrachte, und weil vieles, was ich damals als christlich erachtete – was aber eigentlich nicht viel mit dem Christentum und schon gar nicht mit Jesus zu tun hatte – mir nicht sonderlich attraktiv erschien. Die Kraft, die ich gesucht hatte, konnte ich im christlichen Kontext nirgends entdecken, und so hatte meine Seele immer mehr diesen Glauben losgelassen, bis ich dann so leer war, dass ein neues Christentum in Gestalt des keltischen Glaubens und der keltischen Sichtweise in mir Einzug halten konnte. Ich musste selbst Jesus, den ich immer als einen der großen Lehrer der Menschheit betrachtet hatte, loslassen, musste sein Bild, das so stark von Menschen geprägt war, die ihn eigentlich ganz anders sahen als ich, von mir weisen. So lange, bis wieder Platz war für ein neues Bild, ein befreiendes Bild, das zu einer wirklichen Erfahrung werden konnte. Es war, als hätte ich zusammen mit Meister Eckhart gebetet: „Deshalb bitten wir darum, dass wir Gottes entledigt werden und die Wahrheit vernehmen …"[137] Manchmal müssen wir uns alter Bilder, die uns nicht mehr tragen, entledigen, damit in unserer Seele Raum für Neues frei wird. Raum für eine größere und weitere Version unseres Glaubens, unserer Weltsicht und letztlich auch unserer selbst.

Ich schaute auf das nahezu unbewegte Wasser des Sees, spürte die Stille fast greifbar um mich herum und hatte das Gefühl, Gott ein- und auszuatmen. Das Werden erfüllte mich und mir kam es fast so vor, als brenne die ewige Flamme Brigids in mir, die meinen Blick auf die Welt erhellte und mir zeigte, dass dies einer von unendlich vielen heiligen Momenten meines Lebens war.

Seán sagte nichts, aber ich bin sicher, er konnte meinen Blick deuten: Ich war verliebt in den gegenwärtigen Augenblick, in dem der große Segen mich so umgab wie das Wasser die lachenden Fische, die um uns herumschwammen.

Schlusswort

Eine lange Zeit meines Lebens habe ich mich gefühlt wie ein erwachsener Charlie Brown: leicht trübsinnig und ständig in irgendwelche Grübeleien vertieft. Gerade im Bereich spiritueller Fragen kann man sich damit eigentlich rund um die Uhr beschäftigen und sich damit die Wirklichkeit vom Leib halten. Man macht sich Gedanken über die sogenannten großen Dinge und erschafft mit seinen eigenen Begriffen, Bezeichnungen und Konzepten einen Abstand zwischen sich und dem, was in diesem Moment tatsächlich geschieht. Man denkt abstrakt über den Schöpfer nach und verliert dabei die Schöpfung aus dem Blick, wobei man sich immer mehr von der Welt entfernt. Und letztlich – wie ich überzeugt bin – auch von Gott.

Der Segen des keltischen Christentums besteht daher nicht nur darin, dass es sich eher auf Geschichten als auf Konzepte bezieht und somit nicht nur Kopf, sondern auch Herz anspricht. Es geht auch stets um das alltägliche Leben, das von einem göttlichen Fließen getragen wird und uns in jedem Moment ermöglicht, all dem, worüber wir so verzweifelt nachdenken, wahrhaftig zu begegnen. Es ist ein Weg des Werdens innerhalb einer Welt des Werdens, wobei Schöpfung und Schöpfer stets gemeinsam gegenwärtig sind.

Am Ende dieses Buches angekommen, hoffe ich, dass ich ein wenig mithelfen konnte, die Glut des keltischen Christentums zu erhalten und sie für ein zukünftiges wärmendes Herdfeuer zu bewahren. Ebenso hoffe ich, dass ich in diesem Buch einen roten Faden – oder besser noch: einen grünen Faden – zeigen konnte, der von Jesus als Herausforderer des religiösen und politischen Establishments seiner Zeit über die Wüstenväter als Erneuerer der ursprünglichen christlichen Idee (und als Dorn im Auge des nunmehr christlichen Establishments) zu den keltischen Christen als organisch gewachsenem Gegenentwurf zum römisch-katholischen Status quo und zu modernen Interpretationen wie dem christlichen Anarchismus und der Prozesstheologie reicht, die für mich als aktuelle Antithesen zu politischer Unterdrückung und ökologischer Ausbeutung (im Namen Gottes!) fungieren. Und ich hoffe, dass diese kurze Darstellung eines Sonderwegs des Christentums etwas ist, das Sie als Leserin und Leser dieses Buches dabei unterstützt, Ihren eigenen Glauben neu zu entdecken und sich von ihm noch mehr in die Weite tragen zu lassen. Vielleicht konnten Sie in diesem Buch etwas erfahren, was das Haus Ihrer Seele stützt und Sie mit Bereichen der christlichen Religion auszusöhnen vermag, die Ihnen vielleicht fremd geworden sind.

Für mich persönlich ist das keltische Christentum eine Tradition, die mich vieles, was wir heute christlich nennen, mit anderen Augen hat sehen lassen. Vor allem hat es dazu beigetragen, dass ich auch wieder die Schönheit der christlichen Idee und das Revolutionäre in Jesu Wirken erkennen konnte – etwas, was mir immer sehr am Herzen lag, was ich aber zu übersehen begann, weil mich so viele andere Dinge am Christentum störten. Aber die emotionale Wärme, die mir in dieser Tradition begegnete (durch alte Schriften, Legenden und vor allem auch durch die lebendige Vermittlung seitens Seáns), die Wertschätzung alles Lebendigen sowie das Aufgehobensein in einem großen und guten Ganzen, haben aus meinem beinah vertrockneten Glauben wieder einen Fluss entstehen lassen, der aus meinem Herzen fließt und mein Leben fruchtbarer macht.

Das keltische Christentum und die in ihm erlebbare Mystik und Schöpfungsspiritualität sind *nur fast* in der Geschichte verloren gegangen – und heute haben wir die Chance, all die wunderbaren Ideen, die für eine neue Beziehung zu uns selbst und zu unserer Umwelt sorgen können, wiederzubeleben.

Ein alter keltischer Segen spricht von dem tiefen inneren Frieden, der uns durch alles in der Natur geschenkt werden kann und der uns stets daran erinnert, dass das Göttliche alles und jeden durchdringt und dadurch mit Heiligkeit erfüllt:

„Der tiefe Frieden der Erde möge in dir atmen,
O Müdigkeit hier,
O Schmerz dort!
Tiefer Frieden, eine sanfte weiße Taube für dich.
Tiefer Frieden, ein leiser Regen für dich.
Tiefer Frieden, eine verebbende Welle für dich.
Tiefer Frieden, der rote Wind des Ostens für dich.
Tiefer Frieden, der graue Wind des Westens für dich.
Tiefer Frieden, der dunkle Wind des Nordens für dich.
Tiefer Frieden, der blaue Wind des Südens für dich.
Tiefer Frieden, das reine Rot der Flamme für dich.
Tiefer Frieden, das reine Weiß des Mondes für dich.
Tiefer Frieden, das reine Grün des Grases für dich.
Tiefer Frieden, das reine Braun der Erde für dich.
Tiefer Frieden, das reine Silber des Morgentaus für dich.
Tiefer Frieden, das reine Blau des Himmels für dich.
Tiefer Frieden, das reine Gold der Sonne für dich.
Der tiefe Frieden der herankommenden Welle für dich.

Der tiefe Frieden der fließenden Luft für dich.
Der tiefe Frieden der stillen Erde für dich.
Der tiefe Frieden der schlafenden Steine für dich.
Der tiefe Frieden der Sterne für dich.
Der tiefe Frieden des Friedenssohnes für dich,
der in allem auf dieser wunderbaren Erde widerscheint,
Tiefer, tiefer Frieden."[138]

In diesem Sinne wünsche ich Ihnen einen Frieden, der Ihr Herz für die Welt und ihre Wesen und ebenso für das Göttliche öffnet. Mögen Sie den großen Segen in all den kleinen Begegnungen spüren können, die jeder Tag und jede Nacht für Sie bereithalten. Und möge jeder Atemzug und jeder Herzschlag Ihres Lebens dazu führen, dass Sie sich tiefer und tiefer in das immer wieder neue Werden der Welt verlieben.

Literatur

David Adam: Tides and Seasons. Modern Prayers in the Celtic Tradition. The Society for Promoting Christian Knowledge, London 2010

William Anderson: Der grüne Mann. Ein Archetyp der Erdverbundenheit, Walter Verlag, Solothurn 1993

Jennie Appel und Dirk Grosser: Brigid. Lebe die Weisheit einer Heiligen, Göttin und Druidin, Schirner Verlag, Darmstadt 2016

W.H. Auden: Poems, Everyman's Library, Random House, New York 1995

Aurelius Augustinus: Die Bekenntnisse des heiligen Augustinus. Tradition Classics, Hamburg 2012

Benedikt von Nursia: Die Regel des heiligen Benedikt. Beuroner Kunstverlag, Beuron 1990

Volker Bialas: Die Heiligen von Irland. Zu den Anfängen der irischen Kirche, EOS-Verlag, St. Ottilien 2017

Fergus Bourke: Die irische Seele, Deutscher Taschenbuch Verlag, München 2002

Ian Bradley: Der keltische Weg, Knecht Verlag, Frankfurt am Main 1996

Beatrice Bruteau: Radikaler Optimismus. Praktische Spiritualität in einer unsicheren Welt, Aurum Verlag, Bielefeld 2007

Martin Buber: Der Weg des Menschen nach der chassidischen Lehre, Gütersloher Verlagshaus, Gütersloh 1960/2014

Martin Buber: Gottesfinsternis. Betrachtungen zur Beziehung zwischen Religion und Philosophie, Manesse Verlag, Zürich 1953

Joan Chittister: Das Leben beginnt in dir. Weisheitsgeschichten aus der Wüste, Herder Verlag, Freiburg im Breisgau 2000

Johannes Scotus Eriugena: Die Stimme des Adlers. Homilie zum Prolog des Johannesevangeliums, Chalice Verlag, Zürich 2006

Matthew Fox: Freundschaft mit dem Leben. Die vier Pfade der Schöpfungsspiritualität, Fischer Verlag, Frankfurt am Main 1998

Dirk Grosser: Möge dein Weg gesegnet sein. Segen, die deine spirituelle Entwicklung begleiten, Schirner Verlag, Darmstadt 2015

Dirk Grosser: Lass es gut sein. Als Alltagsmystiker gelassen das Leben meistern, Trinity Verlag, München 2017

Ralph Hauptmann: Herrscher der Eisenzeit. Die Kelten – auf den Spuren einer geheimnisvollen Kultur, Heyne Verlag, München 2012

George Herbert: The Temple. Sacred Poems and private ejaculations. Franklin Classics at Alibris, Emeryville 2018

Eleanor Hull (Hrsg.): The Poem Book of the Gael. Chatto & Windus, London 1912

Sebastian Kalicha (Hrsg.): Christlicher Anarchismus. Facetten einer libertären Strömung, Verlag Graswurzelrevolution, Heidelberg 2013

Catherine Keller: Über das Geheimnis. Gott erkennen im Werden der Welt. Eine Prozesstheologie, Herder Verlag, Freiburg im Breisgau 2013

Arnulf Krause: Die Welt der Kelten. Geschichte und Mythos eines rätselhaften Volkes, Campus Verlag, Frankfurt am Main 2004

Peter Kropotkin: Der Anarchismus. Ursprung, Ideal und Philosophie. Herausgegeben von Hans Hug. Trotzdem Verlag, Frankfurt am Main 2006

Willi Massa (Hrsg.): Wolke des Nichtwissens und Brief persönlicher Führung. Anleitung zur Meditation, Herder Verlag, Freiburg im Breisgau 1999

H.J. Massingham: The Tree of Life, Chapman & Hall, London 1943

Caitlin und John Matthews: Das große Handbuch der keltischen Weisheit, Diederichs Verlag, München 1999

G.R.D. McLean: Poems of the Western Highlanders. Society for Promoting Christian Knowledge, London 1961.

Meister Eckhart: Mystische Schriften, Insel Taschenbuch, Frankfurt am Main und Leipzig 1991

Meister Eckhart: Vom Atmen der Seele, Reclam Verlag, Stuttgart 2014

Thomas Merton: Die Weisheit der Wüste, Fischer Verlag, Frankfurt am Main 1999

Bonifaz Miller (Hrsg.): Weisung der Väter. Apophthegmata patrum, Paulinus Verlag, Trier 1998

Jürgen Moltmann: Der lebendige Gott und die Fülle des Lebens, Gütersloher Verlagshaus, Gütersloh 2014

J. Philip Newell: The Book of Creation. An introduction to Celtic Spirituality, Paulist Press, New York 1999

J. Philip Newell: Listening for the Heartbeat of God. A Celtic Spirituality, Paulist Press, New York 1997

John O'Donohue: Anam Cara. Das Buch der keltischen Weisheit, Deutscher Taschenbuch Verlag, München 1997

John O'Donohue: Benedictus. Das Buch der irischen Segenswünsche, Pattloch Verlag, München 2009

Seán ÓLaoire: Seelen auf Safari, Aurum Verlag, Bielefeld 2007

Seán ÓLaoire: A Sensible God, Xlibris Corporation, Bloomington 2008

Neil Paynter: Alle guten Gaben. Tischgebete, Gütersloher Verlagshaus, Gütersloh 2005

Pelagius: Epistula ad Demetriadem. Brief an Demetrias, Herder Verlag, Freiburg im Breisgau 2015

Evagrius Ponticus: Über das Gebet. De oratione tractatus, Vier-Türme-Verlag, Münsterschwarzach 2018

Steve Rabey: Das Haus der Erinnerung. Keltische Weisheit für den Alltag, Deutscher Taschenbuch Verlag, München 2000

B.R. Rees (Hrsg.): Letters of Pelagius and his Followers, The Boydell Press, Woodbridge 1991

Richard Rohr: Ganz da. Einfach und kontemplativ leben, Claudius Verlag, München 2018

Richard Rohr: Pure Präsenz. Sehen lernen wie die Mystiker, Claudius Verlag, München 2010

Richard Rohr: Der befreite Mann. Biblische Ermutigungen, Verlag Katholisches Bibelwerk, Stuttgart 2005

Françoise Le Roux und Christian-J. Guyonvarc'h: Die Druiden, Arun Verlag, Uhlstädt-Kirchhasel 1996

Karlheinz Ruhstorfer (Hrsg.): Das Ewige im Fluss der Zeit. Der Gott, den wir brauchen, Herder Verlag, Freiburg im Breisgau 2016

Dorothee Sölle: Lieben und Arbeiten. Eine Theologie der Schöpfung, Kreuz Verlag, Stuttgart 1980

Brian Swimme: Das Universum ist ein grüner Drache. Ein Dialog über die Schöpfung und die mystische Liebe zum Kosmos, Aurum Verlag, Bielefeld 2007

Paul Tillich: Wesen und Wandel des Glaubens. Weltperspektiven, Ullstein Verlag, Berlin / Frankfurt a.M. 1961

J.R.R. Tolkien: Der Herr der Ringe, Band I – III, Hobbit Presse / Klett-Cotta Verlag, Stuttgart 1988

Esther de Waal: The Celtic Vision. Prayers, Blessings, Songs and Invocations from the Gaelic Tradition, Ligouri/Triumph Publications, Missouri 2001

James M. Washington (Hrsg.): A Testament of Hope. The Essential Writings and Speeches of Martin Luther King jr., Harper & Row, San Francisco 1986

Lilly Weichberger und Kenneth McIntosh: Brigid's Mantle. A Celtic Dialogue between Pagan and Christian, Anamchara Books, Vestal 2015

Robert van de Weyer: The Letters of Pelagius, Arthur James Ltd., Alresford 1997

Kenneth White: The Bird Path. Collected Longer Poems, Mainstream Publishing, Edinburgh 1989

Anmerkungen

1 Der Begriff „keltisches Christentum" ist nicht ganz unproblematisch. Manche meinen, dass „iro-schottisches Christentum" korrekter wäre, wobei ich der Meinung bin, dass damit der gallische Einfluss auf diese Entwicklung nicht genügend respektiert wird. Außerdem müsste man dann aufgrund des eklektischen Charakters dieser Tradition noch eher von einem „iro-schottisch-gallisch-byzantinisch-ägyptischen Christentum" sprechen, was die Sache doch recht mühsam und zäh machen würde. Ich verwende daher den Begriff „keltisches Christentum" als theologiegeschichtlichen Terminus zur Beschreibung einer Tradition, die sich in den keltisch-sprachigen Ländern (Gallien, Wales, Cornwall, Irland und Schottland) zur Zeit der Spätantike herausgebildet hat.

2 Martin Buber: Gottesfinsternis, S. 13 (detaillierte bibliografische Angaben finden Sie in den Literaturhinweisen ab Seite 202)

3 Martin Buber: Der Weg des Menschen nach der chassidischen Lehre, S. 18

4 John O'Donohue: Anam Cara, S. 166

5 W.H. Auden: As I Walked Out One Evening, in: Poems, S. 41

6 In Fergus Bourke: Die irische Seele, S. 67

7 Zitiert in Ingeborg Meyer-Sickendiek, S. 30/31

8 Möglicherweise aus einer Verkürzung von *dervo* = Eiche.

9 Auch die Silbe *wid* könnte auf eine pflanzliche Entsprechung hindeuten, da es ebenso eine Silbe *vidu* gibt, die man mit Holz oder Baum übersetzen könnte und die sich z.B. auch in den irischen wie walisischen Wörtern für Baum wiederfindet: *fid* bzw. *gwydd*. Auf Walisisch heißt der Gelehrte übrigens *gwyddon*, was wiederum auf die enge Verbindung von Wissen und Natur verweist. Wer tiefer in diese etymologischen Fragen eintauchen will, dem sei das exzellente Buch „Die Druiden" von Françoise Le Roux und Christian-J. Guyonvarc'h empfohlen.

10 Zitiert in Ian Bradley: Der keltische Weg, S. 20

11 The Welsh Triads, Peniarth MS 54, im Internet verfügbar unter http://www.ancienttexts.org/library/celtic/ctexts/triads2.html, abgerufen am 04. Dezember 2018. Die beiden anderen Triaden sind nur von mir erdachte Beispiele, wie diese Triaden ausgesehen haben könnten.

12 Zitiert nach E. Hull (Hrsg.): The Poem Book of the Gael, S. 237

13 Zitiert in Ingeborg Meyer-Sickendiek: Gottes gelehrte Vaganten, S. 75

14 Zitiert in Ingeborg Meyer-Sickendiek: Gottes gelehrte Vaganten, S. 93

15 Übrigens etwas, das auch heute noch in den modernen Druiden-

orden geschieht: Dort gibt es sowohl christliche als auch buddhistische Druiden und ebenfalls rein naturreligiös orientierte Menschen, die sich aber deshalb nicht etwa als die „reinen" Druiden sehen.

16 Ursprünglich in der Carmina Gadelica, hier zitiert nach Lilly Weichberger & Kenneth McIntosh: Brigid's Mantle, S. 134/135

17 Aus Rita Minehan CSB, *Rekindling the Flame*, S. 24, Gebet der *Solas Bhríde* seit 1997

18 https://postbarthian.com/2014/01/09/jurgen-moltmann-on-women/ abgerufen am 16.02.2019

19 http://brigidine.org.au/our-focus/spirituality, abgerufen am 17. Dezember 2018

20 Vgl. William Andersons erhellendes Buch „Der Grüne Mann", das diese Formulierung als Untertitel trägt

21 Catherine Keller: Über das Geheimnis, S. 17

22 Gen 1,11–12 und 24

23 Jes 55,10–11

24 Gen 2,7

25 Catherine Keller: Über das Geheimnis, S. 83

26 Zitiert in David Adams: Tides and Seasons, S. 33

27 Zitiert in: H.J. Massingham: The Tree of Life, S. 37

28 Carmina Gadelica III, 293

29 Carmina Gadelica III, 307

30 Catherine Keller: Über das Geheimnis, S. 12

31 Zu letzterer Theorie siehe Neil Douglas-Klotz: Das Vaterunser

32 Richard Rohr: Pure Präsenz, S. 62

33 Thomas Moore: Lust auf Leben, S. 28

34 Zitiert in Caitlin und John Matthews: Das große Handbuch der keltischen Weisheit, S. 21

35 Thomas-Evangelium, Logion 77

36 Joh 10,30

37 Vgl. John O'Donohue: Anam Cara, S. 107

38 Zitiert in Hans Conrad Zander: Als die Religion noch nicht langweilig war, S. 215

39 *anawim* ist ein hebräischer Ausdruck, der im Alten Testament vorkommt und meist mit „die Elenden", „die Gebeugten" oder einfach „die Armen" übersetzt wird. Vgl. dazu z.B. die unterschiedlichen Übersetzungen von Psalm 37,11

40 In Thomas Merton: Die Weisheit der Wüste, S. 45

41 Apophthegmata Patrum 771

42 In Thomas Merton: Die Weisheit der Wüste, S. 28/29

43 Apophthegmata Patrum 500

44 Evagrius Ponticus: Gebet 69

45 Mt 8,20

46 In Eleanor Hull (Hrsg.): The Poem Book of the Gael, S. 112

47 in Evagrius Ponticus: Praktikos 92

48 Ex 3,5

49 Zitiert in Steve Rabey: Im Haus der Erinnerung, S. 171

50 Dorothee Sölle: Lieben und Arbeiten, S. 180

51 Vgl. Sebastian Kalicha und Gustav Wagner: Petr Chelčický und das Netz des Glaubens, in Sebastian Kalicha (Hrsg.): Christlicher Anarchismus, S. 184

52 Zitiert in: H.J. Massingham: The Tree of Life, S. 37

53 John O'Donohue: Benedictus, S. 96/97

54 Vgl. Kenneth White: At the Solstice, in: The Bird Path, S. 31

55 Gisbert Greshake in seiner Einleitung zu Pelagius: Brief an Demetrias, S. 7
56 Jesus Sirach 15,14–16
57 Pelagius: Brief an Demetrias, S. 61
58 Pelagius: Brief an Demetrias, S. 63
59 Pelagius: Brief an Demetrias, S. 83
60 Pelagius: Brief an Demetrias, S. 83
61 Pelagius: Brief an Demetrias, S. 99
62 Pelagius: Brief an Demetrias, S. 68/69
63 B.R. Rees (ed): Letter to Demetrias in: Letters of Pelagius and his Followers. 2.2 (Es gibt verschieden editierte Versionen des Demetrias-Briefes, daher musste ich für diese Stelle auf eine andere Ausgabe zurückgreifen.)
64 Gisbert Greshake in seiner Einleitung zu Pelagius: Brief an Demetrias, S. 29
65 Zitiert in Gisbert Greshake (Hrsg.): Brief an Demetrias, S. 11
66 Zitiert in Meyer-Sickendiek: Gottes gelehrte Vaganten, S. 66
67 Gen 1,31
68 Lk 12,6
69 Robert van de Weyer: The Letters of Pelagius, S. 46
70 Richard Rohr: Ganz da, S. 37
71 John O'Donohue: Anam Cara, S. 102
72 Vgl. den dialogisch-kommunitären Ansatz der feministischen Theologin Sallie McFague
73 Brian Swimme: Das Universum ist ein grüner Drache, S. 28
74 Carmina Gadelica I,39–41
75 In Hermann Multhaupt (Hrsg.): Irische Segenswünsche für jeden Tag, Segen vom 30. August (keine Seitenangabe)
76 In Hermann Multhaupt (Hrsg.): Irische Segenswünsche für jeden Tag, Segen vom 23. September (keine Seitenangabe)
77 George Herbert: The Temple, S. 195
78 In Hermann Multhaupt (Hrsg.): Irische Segenswünsche für jeden Tag, Segen vom 23. Juli (keine Seitenangabe)
79 Carmina Gadelica III, 53
80 G.R.D McLean: Poems of the Western Highlanders, S. 255
81 Carmina Gadelica III, 339
82 John O'Donohue: Anam Cara, S. 143
83 Richard Rohr: Der befreite Mann, S. 76
84 Vgl. Joh 14,12
85 Carmina Gadelica I, 331
86 Carmina Gadelica III, 333
87 G.R.D. McLean: Poems of the Western Highlanders, S. 234
88 Carmina Gadelica I, 233
89 St. Patrick, zitiert nach Ian Bradley: Der keltische Weg, S. 57
90 Kol 1,16–17
91 Joh 10,30
92 Vgl. Mt 5,3–12
93 Vgl. Mt 6,5–15
94 Vgl. Mt 6,26–34
95 Mt 16,15 und Mk 8,29 sowie Lk 9,20
96 Vgl. Die Regel des heiligen Benedikt, Kap. 58,17
97 1. Mose 12,1
98 Die Wälder Irlands fielen dem Seekrieg zwischen England und Spanien zum Opfer, der im 16. Jahrhundert entbrannte und zur Folge hatte, dass England immer mehr Holz für den Bau neuer Schiffe benötigte.

99 Zitiert in Ian Bradley: Der keltische Weg, S. 122
100 Carmina Gadelica III, 195
101 Jes 43,2
102 Vgl. J.R.R. Tolkien: Der Herr der Ringe, Band 1 – Die Gefährten, S. 212
103 1. Petrus 2,9
104 1. Petrus 1,1
105 Groucho Marx in einem Telegramm an den Friars Club, zitiert in Arthur Sheekman: The Groucho Letters, Simon & Schuster, New York 1967
106 Vgl. Peter Kropotkin: Der Anarchismus, S. 50
107 Vgl. Mt 5,21–48
108 Mk 13,35
109 Mt 26,41
110 Mk 14,34
111 Jürgen Moltmann: Der lebendige Gott und die Fülle des Lebens, S. 152
112 2. Mose 16,16–18
113 2. Mose 16,19–20
114 Vgl. hierzu auch die Bergpredigt Jesu
115 Lk 1,52
116 Mt 24,2
117 Vgl. Mt 4,1–11
118 Lk 22,25–26
119 In Neil Paynter: Alle guten Gaben, S. 20
120 Paul Tillich: Wesen und Wandel des Glaubens, S. 28
121 In James M. Washington: A Testament of Hope, S. 290
122 Javier Torres in Neil Paynter: Alle guten Gaben, S. 31
123 *Achmed The Dead Terrorist* ist ein islamistischer Selbstmordattentäter, der nach einem gescheiterten Attentat nun als Skelett mit Turban auf Kleinkunstbühnen sein Unwesen treibt.
124 Die einzigen deutschsprachigen Worte, die Seán beherrscht, sind übrigens „Guten Tag", „Danke" und „Schnitzelkoma".
125 Mt 11,19
126 Zitiert in Steve Rabey: Im Haus der Erinnnerung, S. 114
127 Entnommen und übersetzt aus „Brigid – Meeting the Celtic Goddess of Poetry, Forge, and Healing Well" von Morgan Daimler, S. 32 (die englische Übersetzung stammt von Brendan Kennelly, 1997)
128 Thomas Moore: Lust auf Leben, S. 62
129 Thomas Moore: Lust auf Leben, S. 64
130 Alistair MacLean: Hebridean Altars, S. 125
131 Jürgen Moltmann: Der lebendige Gott und die Fülle des Lebens, S. 169
132 Psalm 96,11–12
133 Jesaja 55,12
134 Galater 5,22–23
135 Lk 22,42
136 Carmina Gadelica I, 319
137 Vgl. Meister Eckhart: Mystische Schriften, Insel Taschenbuch, Frankfurt am Main und Leipzig 1991, S. 89, und Meister Eckhart: Vom Atmen der Seele, Reclam Verlag, Stuttgart 2014, S. 93.
138 Lilly Weichberger und Kenneth McIntosh: Brigid's Mantle, S. 99/100